マザー・テレサ　愛の贈り物

世界の母が遺してくれた大切な教えと言葉

五十嵐　薫

PHP文庫

○本表紙図柄＝ロゼッタ・ストーン（大英博物館蔵）
○本表紙デザイン＋紋章＝上田晃郷

はじめに〜あなたたちにも、できることがあります

この本はマザー・テレサの伝記ではありません。著者が一〇〇回以上のインド訪問をとおして実際にマザー・テレサと出会い、帰天なさるまでの十二年間に、マザー自身から直接いただいた大切な教えと言葉、そして、神の愛の宣教者会のシスター、ブラザーに教わったエピソード、すなわち、マザーが私たちに遺《のこ》した「愛の贈り物」を記したものです。

すでにマザー・テレサが帰天して二十年近くのときがたちました。帰天後も私はコルカタ（旧カルカッタ）のマザーの施設を何度も訪ねていますが、いまでも世界中からたくさんのボランティアが訪れ、その数はあとを絶ちません。マザー・ハウスの門には、マザーの「在（IN）」「不在（OUT）」を表す札がありますが、いまではつねに「在（IN）」となっています。つまり、私たちにとって、マ

ザーは、亡くなっても、現実に生きている存在なのです。

私がそもそもマザー・テレサに出会ったのは、一九八五年に始まった「インド心の旅」がきっかけでした。当時、我が家には不登校や家庭内暴力、暴走族、神経症などで悩んでいる少年たちが、常時一〇人以上住んでいました。彼らをインドに連れていき、豊かになった日本のなかで失ってしまったものを見つけさせたいということが旅の目的でした。

初めてマザー・テレサに会ったとき、マザーは引率した少年少女に目を留め聞きました。

「なぜこの子たちを連れてきたのですか?」

「彼らは学校や社会からドロップアウトして悩んでいるのです。しかし、ここにきて人の命に触れたなら、きっと価値観も変わり、元気を取り戻してくれる。そう信じて連れてきました」

それを聞いたマザーのまなざしは、とてもやわらかく愛に溢《あふ》れていました。そして、一人ひとりを我が子のように愛《いと》おしそうにみつめ、頭の上に手を置き祝福を与えてくれたのです。マザーの優しい温かな思いが子どもたちにも伝わったのでしょう、わけもわからないまま涙ぐんでしまう子もいました。

「私たちのような者にも、何かできることがありますか？」

「あなたたちにも、できることがあります」

マザーは私たちの目を見据えて、笑みを浮かべながら言ってくれました。マザーは誰が行っても分け隔てなく、迎え入れてくれる方でした。それ以来、私はたくさんの人たちをコルカタのマザー・テレサのもとへ連れていくお手伝いをしています。

当時のインドは、本当に貧しく、空港を一歩出ると、暗がりのなかから大勢の子どもが、「一ルピー、一ルピー」と言って手を差し出してきました。ホテルの前には、段ボールをしいて寝ている人たちもいたのです。私はこの国のために何かをしてあげなければいけないと思いました。

そんな私の心を見通したのでしょうか、マザー・テレサはあるときこんなことをおっしゃったのです。

「あなたのそばにコルカタはあります。私が救いたいのは自分なんか必要とされていないと思っている人たちのことです。あなたの周りにもたくさんいるでしょ。その人たちに、自分はあなたを愛しているということを伝えてください」

偉そうなことを考えていた自分にとって、マザーの言葉は衝撃的でした。「あなたのそばにコルカタはある」――この言葉もまた、これから先の生涯をかけて、学び、伝えていかなければならないと思っています。

「あなたたちにも、できることがあります」とおっしゃった、マザーの愛に導かれるかのように、私は、たくさんの方にご協力をいただき、一九九九年NPO法人レインボー国際協会を、二〇〇〇年にはコルカタに子どもの家「レインボー・ホーム」を創立しました。その後、大きく成長したNPO法人は人に譲り、自分の原点に返るべく二〇〇九年に新しい社団法人ピュア・ハート協会を立ち上げました。その理念は、「人間は他のいのちに仕えるとき自分のいのちがもっとも輝く」というものです。この言葉は、マザー・テレサのもとで学んだ私の体験から出たものです。

今年九月四日に、マザー・テレサが聖人となられることを、とても嬉しく思っています。本書が、皆さんにマザー・テレサの遺した愛を少しでも伝え、貧しい人たちのことを考えていただくきっかけになれば幸いです。
マザー・テレサの列聖を祝して。

五十嵐　薫

二〇一六年六月吉日

マザー・テレサ 愛の贈り物 † 目次

第1章 マザー・テレサ 愛の贈り物

第2章 マザー・テレサ愛の情景

第3章 マザー・テレサ 愛の教え

第4章 マザー・テレサ愛の祈り

第5章 マザー・テレサ愛の遺言

編集協力——網中裕之

第1章

マザー・テレサ 愛の贈り物

あなたが私にしてくれた
You did it to me.

「You did it to me.」

日本語に直訳すれば、「あなたが私にしてくれた」。

まず最初に、皆さんにこの言葉をご紹介したいと思います。なぜなら、この言葉こそがマザー・テレサが生涯をかけて伝えてきたものだからです。

この言葉は聖書のなかの「マタイによる福音書」の第二五章にでてくるものです。私たちは「五本の指の福音」と呼んでいますが、マザーは世界各地で講演をするさいに、まず初めにこの言葉から伝えようとしました。

「You did it to me.（あなたが私にしてくれた）」の「me」とはイエス・キリストのことです。福音書のなかでイエスはこう言っています。

「人の子は、その栄光のうちに、多くの天使を引き連れて栄光の座につく。そして、諸国の人々を前に集め、ちょうど牧者が羊と雄やぎを分けるように、羊を右に雄やぎを左におく。そのとき王は右にいる人々に向かい、『父に祝せられた者よ、来て、世の始めからあなたたちに備えられていた国を受けよ。あなたたちは、私が飢えていたときに食べさせ、渇いているときに飲ませ、旅にいたときに宿らせ、裸だったときに服をくれ、病気だったときに見舞い、牢にいたときに訪れてくれた』と言う。

すると、義人たちは答えて、『主よ、いつ私たちはあなたの飢えているときに食べさせ、渇いているときに飲ませ、旅のときに宿らせ、裸のときに服をあげ、病気のときや牢に入れられたときに見舞ったのでしょうか』と言う。

王は答える、『まことに私は言う。あなたたちが私の兄弟であるこれらの小さな人々の一人にしたことは、つまり私にしてくれたことである』」

（マタイによる福音書第二五章）

キリスト教徒でない人には、少しわかりにくいかもしれません。

この世界には恵まれない人たちが大勢います。貧しくて飢えている人たち。病気を患って死を目の前にしている人たち。あるいは生まれつき障害を抱えている人たち。そういう人たちは、私たちに代わって苦しみを引き受けてくれている。まさに彼らは、イエスの生まれ変わりそのもの。だから、そういう人たちに尽くすことはマザー・テレサにとってイエス・キリストに尽くすことと同じことだったのです。

† † †

マザー・テレサがつくった「神の愛の宣教者会」の本部は、インドのコルカタ

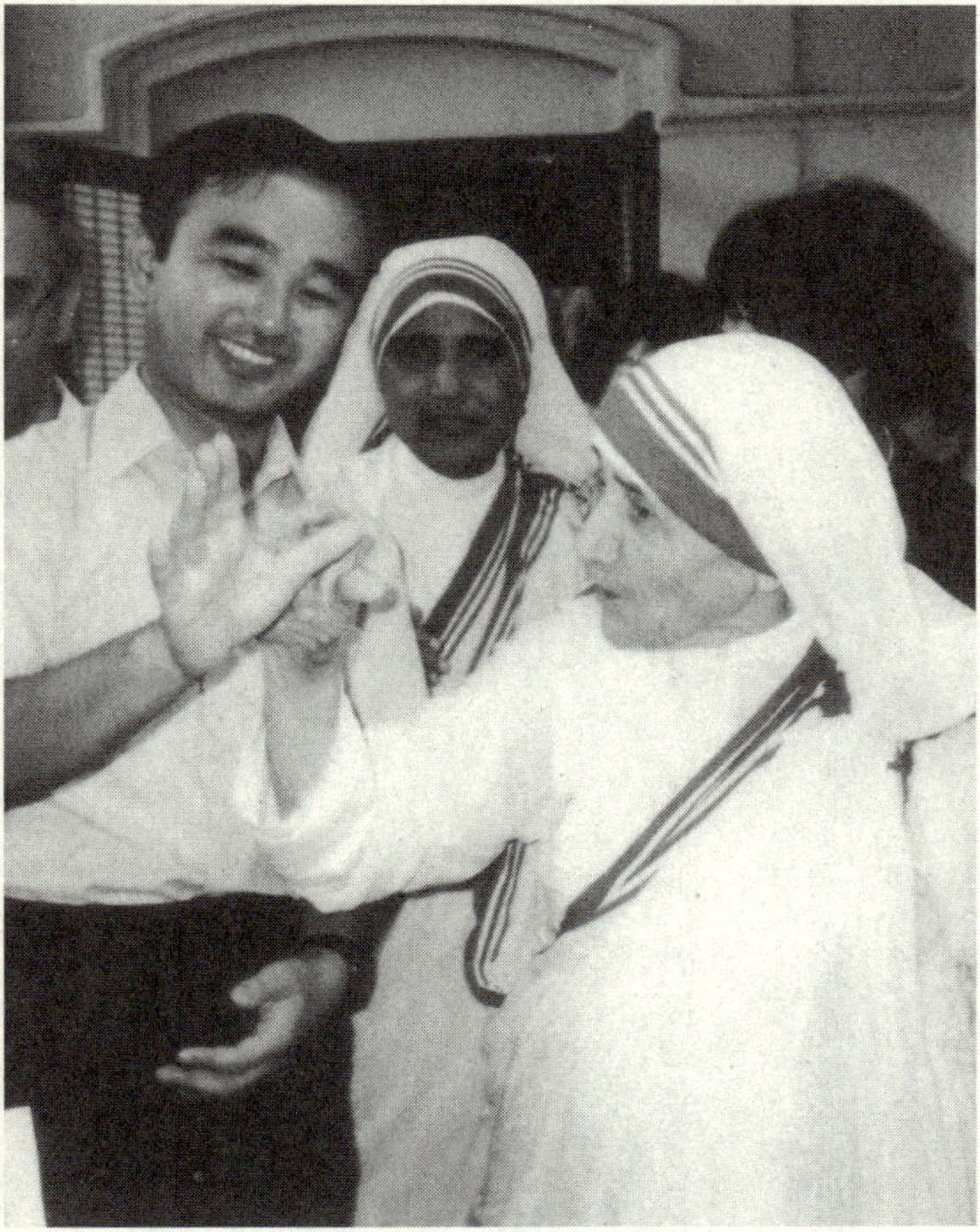

「『You did it to me.（あなたが私にしてくれた）』
これは5本の指で覚えてください。『You（親指）』『did（人差し指）』
『it（中指）』『to（薬指）』『me（小指）』これが福音のすべてです」
マザー・テレサは五十嵐の指を使って
「インド心の旅」のメンバーに講義をしてくれました。

にあり、通称「マザー・ハウス」と呼ばれています。マザー・ハウスには世界中からボランティアが集まってきます。そういう人たちにマザーは問いかけました。

「あなたはここに、何をしにきたのですか？」

誰もが答えます。

「ボランティアをしにきました」

マザーは言います。

「それは違いますよ。あなたがたはボランティアをしにきたのではなく、ボランティアをされにきたのですよ」

弱い人たちに尽くすことで、イエス・キリストに直接触れることができる。その喜びを得るためにきたのだと。

マザーは手の指を折って教えてくれました。親指から順番に折っていく。

「You」「did」「it」「to」「me」と。これが五本の指の福音です。

いきなり言われても、なかなかわからない言葉です。それでも、まずはこの言葉を心のなかに留めてください。きっと本書を読み進めていくなかで、マザーがおっしゃっていることに触れることができると思います。

この世でもっとも不幸なことは、自分なんてこの世に生まれてくる必要がなかった、自分なんて誰からも愛されていないと思うことです

一九八六年三月。私は初めてマザー・テレサと出会いました。

そのころ私は、数人の若者を我が家に預かって一緒に生活していました。暴走族だったり、あるいは心に深い傷を負って学校に行けなかったり。暴力団を抜け出したいとやってくる子もいました。いずれも世間から道をはずした子どもたちです。どうして彼らを預かることになったのか。それは、彼らに帰る場所がなかったからです。家族や学校から見捨てられ、行き場を失った子どもたち。子ども

と言っても二十歳を過ぎた人もいます。彼らは苦しみもがきながら、一様に言います。

「俺《おれ》なんか、生まれてこなければよかった」

「自分は親から愛されていない。人生なんてどうなってもかまわない」

心からの叫び声です。

何とか彼らの魂を救うことができないだろうか。そう考えていたとき、映画監督の千葉茂樹さんと出会ったのです。千葉監督は日本で初めてマザー・テレサを映像で伝えた人です。

「五十嵐さん、子どもたちを連れて、マザー・テレサに会いにいってはどうですか。きっと何かが変わるはずですよ」

正直に言うと、私自身そのときはまだマザーのことをよく知りませんでした。

当時、私たちが預かっていた子どもたちは、貧しさや生活の苦しさから非行に走ってしまうのではなく、豊かになった日本のなかでその豊かさゆえにおかしくなってしまった子どもたちでした。インドに行って、貧しいなかでもいきいきとたくましく生きている子どもたちに出会うことで、彼ら自身気づくものがあるのではないだろうかと、私は考えたのです。

そして「インド心の旅」がスタートしました。

マザー・ハウスに行くと、そこは世界中からボランティアにやってきた人たちで溢れていました。マザーはやってくるすべての人々を受け入れます。宗教なども関係がありません。キリスト教の考えを押し付けたり、布教活動をすることはいっさいありません。そのため、マザー・テレサは宗教を超えた福祉の人のように思われていますが、彼女自身はいつもイエス・キリストにしっかりと結びついていました。彼女はどんな宗教の人が来ようと、

「あなたたちがここに来たのは、イエスに出会うためですよ」

とはっきり言っていました。

初めてマザーの姿を見たとき、私はそこにとてつもなく大きな後光を感じました。小さいマザーの身体《からだ》を、大きな光が包んでいる。これまでに味わったことが

ないような温かさを感じたのです。

私の目には涙が溢れてきました。どうしてなのか自分でもよくわかりません。気がつくと、私はマザーの前にひざまずき、彼女のサリーにすがって泣いていました。

マザーはやさしく私を抱き起こして尋ねました。

「あなたたちは、どこから来たの？」

「日本から来ました」

「一緒にいる子どもたちは？」

「はい。親から見捨てられ、学校にも社会にも出られない子どもたちです」

マザーは一人ひとりの子どもの頭に手を置きながら言いました。

「よく来たね」

その手の温《ぬく》もりに、彼らの心も癒《いや》されていきました。こんな温かい言葉をかけてもらったことなどない子どもたちです。「よく来たね」などと受け入れられたこともありませんでした。子どもたちの凍りついた心が、次第に溶かされていくのがわかりました。

「こんな自分でも受け入れてくれるんだ」

「こんな私でも、できることがあるんだ。生きていてもいいんだ」

マザーとの出会いが、彼らに勇気と希望を与えました。そしてマザーは言いました。

「あなたがたはボランティアに来たと思っているでしょうが、ボランティアされているのはあなたがたなのです。あなたがたが貧しい人のなかでも、もっとも貧しい人に仕えるということは、すなわち神様に仕えることなのですよ。このことだけは決して忘れてはいけません」

そしてマザーは私を振り返って言いました。

「貧しいことは、お金がないことや着るもの、食べるものがないことではありません。本当の貧しさは心のなかにあります。誰からも必要とされていない。愛されていないと思う心こそが、最大の貧しさなのです」

人間としての尊厳。魂の尊厳。そのことに目を向けなさいとマザーは伝えているのだと思います。

食べることができない人には、食べ物を与えればそれで済むでしょう。着るものがない人には、着るものをあげれば済みます。けれど、自分はこの世に必要がないと思っている人。その寂しさに押しつぶされそうになっている人。そういう人たちにはお金や物をあげても何の救いにもなりません。その心を癒すためには、愛を与えるしかないのです。

そして、この豊かな国である日本には、そんな寂しさを抱えている人がたくさんいる。マザーが来日したときの講演で、次のようなメッセージがありました。

「日本はとても豊かな国です。でも、そんな日本にも、心が貧しい人たちが大勢います。それは、自分には生きている価値がないと思っている人たちです。そういう人たちに、もっと目を向けてあげてください」

私が預かっていた子どもたちは、みんな寂しかったのです。寂しさを紛《まぎ》らわすために非行に走ったり、暴走族の仲間になったりする。愛情をくれない両親に対して、こっちを向いてくれと叫ぶように反抗をくり返す。そんな彼らの心の叫びを、マザーは一瞬で見抜いたのでしょう。

「よく来たね」

この一言が、彼らの魂を救ってくれたのです。

目の前にいる
貧しい人や病気の人たちに
触れることは
イエス・キリストに
直接触れる喜びをいただくことです

マザーのもとを訪れて、ボランティアをすること。それはイエスに出会うことと同じ。マザーにそう言われても、なかなか実感として味わうことは難しいことです。特に私はクリスチャンではありませんから、実感としては捉《とら》えにくいところもあります。「インド心の旅」に参加した多くの人も同じだと思います。

しかしマザーの言葉のとおり、まさにイエス・キリストに出会ったと感じる体験をした人がいるのです。

増田良一さんは画家として十数年にわたって油絵を描き続けてきました。それでも自分自身のなかでは、なかなか納得した絵を描くことができず、芸術家ならではの葛藤《かっとう》や苦悩を抱えていました。

彼は、ある朝目が覚める直前に、啓示のような言葉が頭に浮かんだと言います。

「愛がなければ、本当に人を感動させるような絵は描けない」

どこかマザーの言葉と通じるような言葉です。彼はすでに七十歳を過ぎていました。以前から一度はインドを訪れたいと思っていましたが、体力的にも自信がなく半ばあきらめかけていました。しかしこの啓示をきっかけに、「インド心の旅」への参加を決めたのです。

マザー・ハウスを訪問した翌日から、彼はプレム・ダンという施設でボランティアをすることになりました。そこで、部屋の一番奥の暗いところに寝かされていた老人の食事の世話をすることになったのです。

その老人は歳は取っていても、なかなか逞《たくま》しい風貌《ふうぼう》をしています。若いころにはとても働き者だったことが見て取れます。

近づいていくと、老人はかっと目を見開いて増田さんを見つめました。その表情に一瞬どきりとさせられました。どきりとしたのは、ただ見つめられたからだけではありません。その老人の右目には眼球がなかったのです。老人は見えるであろう左の目だけで彼を見つめていたのです。

老人は食事をもらうために、ベッドの上に身を起こしました。増田さんはカレーに入っていたマトンの肉をスプーンで細かくし、そっと老人の口元にもっていきました。その瞬間に彼の脳裏には、イエス・キリストが最後の晩餐《ばんさん》で弟子たちの足を洗っている光景が浮かんだと言います。

思わず増田さんは、その老人の前にひざまずきました。そして少しずつ食事を口に運んでいきました。半分くらい食事を食べ終えたとき、老人の眼球がない右目から涙が溢れているのに気がつきました。もっているお皿の上に、ポタポタと涙が落ちてきました。不思議にも、健康そうな左の目は泣いていないのです。その涙のなかに輝くような光を見たとき、増田さんは、「この老人は、人間の姿を借りた神様ではないだろうか」と、感じました。そして、嗚咽《おえつ》を必死にこらえながら、食事の介護を続けたのです。まさにマザー・テレサが言うように、イエスと出会えた瞬間だったのです。

後に彼は私にこう語りました。

「この体験を与えてくださった天の配慮に、言い表せないほどの感謝を感じています。あとどれくらい生きられるかわかりませんが、もっと天の意に近づきたいと思います。もしかしてこれから私の絵も変わっていくかもしれません。この体験を通して、ほんの少しだけ愛がわかりかけてきたからです」

この場所に集まってくる人たちは、皆イエスに会いに来ているのです

インドのマザー・ハウスでは毎朝六時からミサが行われます。生前、マザー・テレサがコルカタにいるときには、いつもマザーは聖堂の入り口近くにひっそりと座ってミサにあずかっていました。世界中を飛び回っていることが多い方でしたので、マザーと出会える幸運はそう多くはなかったかもしれません。

ミサには誰でも参加できます。日本にいては教会に足を運ぶことなどなかった若者も、自然にミサに参加して、静かな清らかさに包まれて一日を始めたりして

います。ミサが終わると、通常はパンとバナナとチャイ（ミルクティー）の朝食が、ボランティアのためにふるまわれます。その後シスターから、時々の注意事項が告げられ、ボランティアはそれぞれの施設に出かけていきます。

ここには世界中からたくさんのボランティアが集まってきていますが、長年通う間に、いつもそこで出会うボランティア仲間ができました。みんなから「まっちゃん」と慕われている青年もその一人です。話を聞くと、彼は冬の間は長野県のスキー場でアルバイトをし、毎年夏になるとインドに来てボランティア活動をしているそうです。

「どうしてあなたは、毎年のようにここに来るのですか？」

若いときには、もっといろんなことをやりたいはず。楽しいこともたくさんあるでしょう。なのに彼はインドにやってくる。不思議に思った私は聞いてみたのです。

すると彼は答えました。

「私はこの場所に、愛情を出す訓練に来ているのです。人生のなかで、私が一番大切にしているのは愛です。いままでの人生のなかで、私はたくさんの愛をもらってきました。両親や兄弟、友達からもたくさん愛されてきたのです。でも、自分はその愛を素直に受け止めることができなかったのです。私は愛を出すことにも臆病になってしまいました。ここに何度も来る人のなかには、私のように愛につまずいてしまった人が多いように思います。ここの施設では、誰でも受け入れてくれます。そこでみんな愛を出す訓練ができるのです。最初はどうしたらいいのかわからず、貧しい人や病気の人、小さな子どもたちに、戸惑いながら、ほんの少し愛情を出してみます。するとそれをとても喜んでくれるのです。それならもう少し出してみようかなと、自然に思えるのです」

彼の言葉は、とても深いと私は思いました。病気の人の手を握りながら、子どもたちに食事を食べさせながら、誰かを愛するという訓練をしている、いや、訓練をさせてもらっている。これこそが、マザー・テレサがボランティアにくれた最高のプレゼントとも言えるでしょう。

インドにはマザー・テレサがつくったいくつかの施設がありますが、これらの施設では、実は人手は十分に足りているのです。神の愛の宣教者会のシスターや雇われて世話をしている人たちもいます。ですから、ボランティアがいなくても、施設の運営はやっていけるのです。それでもあえてボランティアを受け入れるのは、そこにやってくる人たちが、イエスに出会う機会を妨げてはならないとマザー・テレサが考えたからです。

クリスチャンでない私たちは、どのように考えたらいいのでしょうか。イエス・キリストを自分のもっとも大切な人と置き換えて考えてみたらどうでしょうか。それは、人によっては自分を産んでくれた母親かもしれません。あるいは父親かもしれません。大切な伴侶やかわいい子どもたちかもしれません。私たちはここで、自分のもっとも大切な人に仕える喜びをいただいているのです。

大切なことは、
どれだけ物を与えたか
ということではなく、
どれだけ喜びを与えたか
ということなのです

一九九二年十二月二十一日。世界中からやってきたボランティア宛《あて》に、マザーはメッセージを送りました。そのメッセージは、ボランティアとは何かを教えたものです。ここにその訳がありますので、紹介したいと思います。

「愛は家族から
あなたがたは、あなたがた自身の家庭で家族とともに、この愛することの喜びを体験してほしいのです。なぜなら、愛は家庭から始まるからです。

どのように始めたらいいのでしょう。

共に祈ることから始めなさい。共に祈る家庭は、共に居ることができます。共に居るならば、自然に神があなたがたを愛するように、互いに愛し合うようになります。家に帰ったなら、いつも一緒にいるようにしなさい。家族を一致させなさい。

大切なことは、どれだけ物を与えたかということではなく、どれだけ喜びを与えたかということなのです。

私はいつもテングラ（マザーがつくった施設）の貧しい人々に物を贈っています。ご存じのように彼らはとても苦しんでいます。そして何より私が驚いたことには、テングラの子どもたちに何かをもってきてくれるのは、大人たちより、通りがかりの子どもたちのほうが多いということなのです。

本当に素晴らしいことです。もう一度言いますが、どのくらい与えたか、ということではなく、そこにどれほどの愛をこめたか、ということなのです。

私たちのシスターはいまや、一〇五カ国に滞在していますが、気をつけてみると世界中にいるのがわかります。

ときに彼女たちのところへ行って、わかち合い、一緒に働いてみてください。そこには、また異なる貧しさがあるのです。路上で死ぬことではなく、ときには取り除くことが困難な貧しさです。もし私が道端でパンに飢えている子を見つけたなら、パンを与えてしまえばそれで終わります。

しかし、恐ろしいほどに孤独で心が傷ついた人の場合、とても難しいのです。だから私たちは、どんな祈りや助けを与えればよいのかを知らなくてはいけません。

それは家庭から始まるものなのです。あなたの家庭を、神のために、素晴らしいものとしてください。愛と平和、一致、そして喜び、ほんの十分間共に祈るだけでもいいのです。それは神が望まれることです。

いつも一緒にいなさい。たとえ誤解があったとしても、共にいなさい。許し忘れてあげなさい。そうすれば、神の愛を心から感じることでしょう。神の平和を心にもつこと、これはとても大切なことです。

世界のあらゆるところで、貧しい人々や、多くの人が悩んだり苦しんだりしているのに、あなたがたは幸運です。なぜならこうして礼拝や聖体拝領、そしてみ言葉など、毎日恵みを受けることができるからです。あなたがたへの特別な贈り物です。神の偉大な愛に感謝いたしましょう。神はあなたがた一人ひとりに現れてくださいます。

アシジの聖フランシスコによる祈りのわざがあります。ご存じの通りその祈りは、平和への祈りです。私はアシジの聖フランシスコの時代にも、いまの私たちと同じような困難を抱えていたに違いないと思うのです。なぜなら彼らも、私たちと同じものを求めて祈っていたからです。『平和』と『一致』そして『愛』です。私たちがもっと互いに愛し合うようになるために、聖フランシスコの特別なお計らいを求めましょう。

祈りましょう

少なくとも十分間、この聖なる交わりをもち、家族とともに祈りましょう。あなたの兄弟、姉妹、お父さん、お母さんに共に居るようにしてもらいましょう。ほんの十分間だけでも、共に祈りなさい。共に祈る家族は一緒に居ます。もし共に居るならば、心はひとつになります。キリストの心にある愛に満ちています。

祈りなさい。祈りは澄んだ心を与えてくれます。澄んだ心は神をみることができます。祈りは深い信仰をもたらします。信仰は愛を、愛は奉仕を、奉仕は平和をもたらしてくれます。

私はあなたがたのために祈りましょう。あなたがたが神の愛に近づきますように。また、あなたがたを通して、あなたがたの内にある愛なる神を知りますように。そして私たちのために祈ってください。神のみ心を無駄にすることなく、大いなる愛をもって、行い続けられますように。

いまこのときに、私たちをコルカタに送り出してくれた人たちとともに、私たちはこの祈りを唱えましょう」

私たちは、何か身体を使って奉仕をすることや金銭的に支援することを、ボランティアであると勘違いしています。けれども、そこに心から溢れ出る愛がなければ、喜びも平和もないとマザーは言います。たとえ小さなことでも、そこに心をこめて行うこと、その大切さをマザーはいつもおっしゃっていました。

第2章

マザー・テレサ 愛の情景

ただ手を握って、祈ってあげなさい。それだけでいいのよ

「インド心の旅」でマザーのもとを訪れると、大体は三ヶ所にわかれてボランティア活動をします。

一つは「カリガート」。これは「死を待つ人の家」と呼ばれています。重い病気や餓死寸前の人たちが収容されている施設で、ここへ行くと、毎日のように人の死を見てしまいます。シスターたちと一緒に、その人たちの世話をさせていただくのですが、ときには死体の運搬やスラム街などに出かけて行き、死にかけた

人々を収容したりすることもあります。

このカリガートで、ある程度回復した人たちは、「プレム・ダン」という施設に移されることもあります。二つ目の「プレム・ダン」。「プレム」とは「愛」、「ダン」とは「贈り物」という意味です。ここには精神障害の人たちも収容されていますが、割に雰囲気も明るく、庭で日光浴を楽しんだりする人もたくさんいます。「カリガート」に比べると、病気やケガの程度は比較的軽い人が多いのです。

そして三つ目が「シシュ・ババン」。ここは「子どもの家」と呼ばれる施設で、路上に捨てられた赤ん坊や、難病や栄養失調で親から捨てられた子どもたちがひきとられています。マザー・ハウスのすぐ近くにあって、元気な子どもたちは、ここから世界中の家庭に里子として引き取られていきます。マザー・テレサは、子どもは施設ではなく愛情ある家庭で育てられるべきだと考えているからです。

何度目の「インド心の旅」でしたか、ある女性を伴って私はマザーのもとを訪れました。彼女は幼いころから脳性まひを患っており、手足をうまく動かすことができません。知的障害も少しありますので、上手に話すこともできないのです。

日本の社会では、彼女はいつも取り残されていると感じていました。親はすでになく、不自由な身体にもかかわらず兄弟からも離れて、ひとりきりで暮らしていました。

「私なんて生まれてこなければよかった」

彼女はいつも劣等感を抱いていました。悲しみと孤独で、自殺を図ったこともありました。そんななかで、マザー・テレサのことを知った彼女は、どうしてもマザーに会いたいと思うようになっていったのです。

† † †

「私はこんな身体ですが、私にも何かできることがあるのでしょうか」

彼女は私に通訳を頼み、ろれつの回らない口調で、一生懸命にマザーに問いかけました。

マザーは答えました。

「もちろん、あなたにもできることがありますよ。シシュ・ババンに行って、病気で寝ている子どもたちの手を握ってあげなさい。そして祈ってあげなさい。ただそれだけでいいんですよ」

翌日から彼女はシシュ・ババンに出かけて行きました。そして、難病におかされている子どもの手をずっと握り続けました。枯れ木のような細い手を、一日中握っていました。もちろん言葉なんか通じません。それでもその子をじっと見つめながら、ただベッドの横に座っていたのです。

彼女は何を祈っていたのでしょうか。

「早くよくなるといいね」「私もこんな身体だけど、がんばろうね」「手を握らせてくれて、本当にありがとう」

きっと、そんなことを思いながら一日を過ごしていたのでしょう。そして一週間ほど通い詰めた彼女の心は、すっかり癒されていたのです。難病の子どもの手を握りながら、彼女自身が救われていたのです。

これこそがマザーが言っている、「あなたがたはボランティアをされているのです」という言葉の意味です。それ以後も、不自由な身体を必死に支えながら、彼女は三度「インド心の旅」に参加しました。

やがて彼女は歩くことができなくなり、車椅子の生活になりました。私は日本に帰っても、彼女とは頻繁《ひんぱん》に電話で話をしていました。数年前、彼女からの連絡が急に途絶えました。その少し前に車椅子で病院から退院してきたこと、新しいアパートに引っ越しをしたこと、東京に遊びにいこうと思っていることなどを話していましたので、どうしたのかなと思い、私は彼女に電話をかけました。電話がなかなか通じなくて、半月ほど過ぎてから心配になってご家族に連絡を取りました。

「あの子は、亡くなりました」

ひとりで出かけた彼女は、踏切で車椅子が線路にひっかかり、動けなくなってしまった。そこに電車が来て、はねられてしまったということでした。あまりのショックに、私は言葉を失いました。

けれども、彼女もいまごろは、大好きなマザー・テレサのもとで楽しく暮らしていることでしょう。自由に動く身体を手に入れて、忙しく働いているはずです。

あなたは目が見えなくなって
幸せですね。
それは神様からのプレゼントです。
目が見えなくても、心の目が開くのです。
心が一番大切なのですよ

「インド心の旅」に出る三年前に目の病を患い、視力を失ってしまった大石道子さん（仮名）は、まだ二十代の若い女の子でした。徐々に視力を奪われ、かすかに光を感じるだけの状態になって半年、それはあまりにも厳しい現実でした。ひとりで出歩くことはもちろん、何をするにも誰かの力を借りなくてはいけない。これから自分は、どうやって生きていけばいいんだろう。どうして自分だけがこんなにも不幸なんだろう。彼女は家に閉じこもりがちになっていました。

「このままではいけない。自分自身を変えていかなくてはいけない」

そんな彼女を私は「インド心の旅」のメンバーに迎えました。空港で介助をさせていただいたときに、私は彼女のスーツケースの中に白い杖が入っていることに気がつきました。しかし、なぜか彼女はそれを使おうとはしません。まだ使い慣れていないのか、あるいは恥ずかしいという気持ちがあるのか、人の親切ももどかしいのか……。周囲の人とも打ちとけず、ぎくしゃくした様子でした。

インドに着いた翌日、彼女は朝のミサにでるために、マザー・ハウスを訪れました。ミサが終わって、ゲスト・ルームで休んでいると、そこにマザーが姿を見せてくれたのです。

私はマザーに大石さんを紹介しました。

「マザー。この女の子は病のために、目が見えなくなってしまったのです。あなたの姿を見ることはできませんが、それでもマザーに会いたいとやってきたのです。どうか彼女に声をかけてあげてください」

するとマザーは、彼女の目に両手でそっと触れて、こう言ったのです。

「あなたは目が見えなくなって幸せですね。それは神様からのプレゼントです。目が見えなくても、心の目が開くのです。心が一番大切なのですよ。その心が磨かれるのですから、それは幸せなことなんですよ。神様はいつも、あなたのことを見守ってくれていますよ」

そう言って、マザーは大石さんのために祈りを捧《ささ》げてくれました。するとマザー・ハウスで一緒に居合わせたアメリカ人のツーリストたちや他のボランティアの人たちが、次々と彼女の身体に触れて、彼女の幸福のために祈ってくれたのです。そこに集まっていた人たちは、誰もが涙を流していました。

大石さんはシシュ・ババンにボランティアに出かけました。そこに入っている子どもたちと遊んであげること、子どもたちと喜びをわかち合うこと。それが彼女にできる精一杯のことでした。

「知的障害のある一人の子が、ずっと私の側を離れないんです。私の身体に寄り添って、幸せだよと言ってくれる。目が見えないのに、私にはその子の顔が見えたような気がしました。私には、何もしてあげることができません。そんな私に対して、子どもたちはとても愉《たの》しそうに接してくれました。私は子どもたちに生きていく勇気をもらいました」

帰国の途につくとき、大石さんはスーツケースから白い杖を出しました。これからは恥ずかしがらずに皆さんの力を借りながら、自分の足で歩いていく。心の目で人の温かさを感じ、感謝しながらしっかりと歩んでいく。そんな決心がにじみ出ていました。

「インドの太陽や風。鳥の声や埃《ほこり》っぽい空気。ガンジス川の水。シシュ・ババンの子どもたちの笑顔。そしてマザー・テレサの姿。私にはすべてが見えていたような気がします」

彼女は別れ際、見えない目で私をしっかりと見つめながらそう言いました。

聖母マリアよ、私をゆだねます、と祈りなさい

Pray, Mother Mary, make me OK.

魂が救われる旅。そんな旅を私は経験しました。いまから二十一年前。年の瀬も押しせまった十二月のことでした。

そのときの「インド心の旅」に、一組のご夫婦が参加していました。ご主人は末期がんにおかされており、余命数ヶ月だと宣告されていました。とても海外旅行ができるような状態ではありません。最悪の場合には、旅の途中で深刻な状況になるかもしれない。それでもご主人は、何とかしてマザー・テレサに会いたい

と言うのです。意を決した奥さんが旅への参加を申し込まれたのでした。

成田空港でお会いしたとき、私は戸惑いました。まったく血の気のないむくんだ顔。たった五分間も自分の力で立っていることができません。言い方は悪いのですが、それはまさに死人が歩いているような姿だったのです。

正直に言うと、私には自信がありませんでした。インドに連れていき、再び無事に日本に連れ帰ってくる。そんなことが果たしてできるだろうか。もしも旅先で最悪の事態が起きれば、きっとマスコミに取り上げられてしまうだろう。そうなれば、もう「インド心の旅」は続けられなくなるかもしれない。そもそもインドに無事に着いても、必ずマザー・テレサに会えるという保証などありません。会えなかったときの彼の落胆を考えると、私の気持ちも沈んでいきました。空港のドクターに診察してもらって、旅行は諦《あきら》めてもらったほうがいいかもしれない。そんな考えが一瞬私の頭のなかを駆け巡りました。

しかし、すぐに私は自分が迷ったことを恥じました。この場にいるということは、きっと神様の導きなんだ。奥さんが旅の参加を申し込んだのも、きっと導きがあったからだ。これから生きるための旅があるのなら、これから死ぬための旅があってもいい。私はそう思いなおしたのです。

何とか飛行機には乗せたものの、機内ではたいへんでした。大腸がんの末期ですから、下血しています。彼は狭いトイレに入ると一時間も出てきません。トイレを占領しているので、順番を待つ人もイライラしています。ドアの前に立つ奥さんは気が気ではありません。待っている人たちにお詫《わ》びをしながら、彼を気遣っていました。客室乗務員の人たちも心配してくれましたが、延べ十時間に及ぶフライトは、彼にとって地獄の苦しみだったと思います。

やっとの思いでコルカタのホテルに着くと、彼はベッドに倒れ込みました。翌日は食事を取ることさえできませんでした。本当に大丈夫だろうか。同行していた人たちも心配でなりません。それにタイミングが悪いことに、そのときマザーはベトナムに行って不在でした。「どうか、帰国する日までにインドに戻ってきてほしい」。心のなかで私は必死で祈りました。

そして三日後、マザーがベトナムから戻ったという知らせが入りました。

翌朝私たちは、タクシーで朝のミサへと出かけました。彼も最後の力を振り絞るようにミサに参加したのです。聖堂の入り口にマザーの姿を見たとき、私は心底ほっとした気分になりました。命を削って、数千キロも離れた日本からやってきた彼のことを思うにつけ、何とかマザーの顔を見せてあげたかったのです。私はできるだけマザー・テレサに近い場所を探し、彼に座ってもらいました。

静かに、ミサの儀式が進んでいきます。いつもと変わりはないミサですが、なぜかその日のミサは、特別に厳粛な空気が流れているような気がしました。シスターたちの清らかな賛美歌の歌声に、彼は何度もむせび泣いていました。彼の背中に手をあてながら、私も涙が流れました。

やがてミサが終わり、マザーが席を立ちました。「マザー、少しだけこちらに来てください。彼に会ってあげてください」。私は心のなかで叫んでいましたが、それも通じずにマザーは部屋に戻ってしまいました。多忙なマザーをわざわざ呼び戻すことなどできません。私たちは仕方なくホテルに戻るため聖堂のドアに向かいました。

すると聖堂を出たところに、本当に偶然にマザーが出ていらっしゃったのです。これは神様が与えてくれたチャンスに違いない。私はマザーに駆け寄り、お願いをしたのです。

「マザー・テレサ。この人はがんにおかされていて、もう死がそこまで迫っています。それでもマザーに一目会いたくて、日本からやってきました。どうかこの人に、祝福を与えてください」

私の言葉にマザーはやさしく頷《うなず》きました。マザーは彼の前に歩み寄り、ひざまずいて合掌《がっしょう》をしている手を両手でやさしく包みました。

「Pray, Mother Mary, make me OK.（聖母マリアよ、私をゆだねます、と祈りなさい）」

マザーは何度もその言葉をくり返しました。その祈りを聞いた彼は、マザーのサリーにしがみついて激しく泣きました。マザーは彼の頭にそっと手を置き、祝福を与えたのです。

「私はやっと、本物にたどり着くことができました。これは最高の喜びです。本当にありがとうございました」

彼はそれまで、救いを求めていろいろな宗教を渡り歩いたそうです。それでも本物に出会うことはなかった。死を目前にして、やっと彼は出会えたと言うのです。ホテルに戻ると「インド心の旅」のメンバー全員が彼の部屋に集まり、それぞれ彼の身体に触れながら祈りました。安堵《あんど》と祝福で部屋の空気は満たされていたような気がします。

帰りのコルカタの空港で、彼は私に言いました。

「もう一度、私は必ずこの場所に来ます」

その表情は、成田空港で見たものとはまったく違っていました。

「魂が救われるとはこういうことなんだ」

私は彼の晴れ晴れとした表情を見て、確信しました。

帰国してから二週間後。「成人の日」の前日（一月十四日）に私は彼の訃報《ふほう》を受け取りました。不思議に悲しいという感情は湧《わ》きませんでした。

もしもインドに行くことを諦めて、病院のベッドで延命治療を続けていたとしたら、おそらく数ヶ月は長く生きることができたでしょう。しかし、彼はその道を選ばなかった。ただ生きながらえる数ヶ月よりも、魂が救われる数日を選んだのだと思いました。

そして何より、「主人に、心残りのない死に方をさせてあげたい」と、インドへと連れていった奥さんの魂もまた、救われたのだと私は信じています。

あなたに私と同じことはできません。
私にだって、
あなたと同じことはできません。
人にはそれぞれの役割があるのです

二〇〇〇年十一月十一日、インドの子どもたちを救うための施設「レインボー・ホーム」がスタートしました。親からも捨てられ、路上で生活するしかない子どもたち。あるいは心に大きな傷を負った子どもたち。そんな子どもたちを一人でも救うことができたら、そういう思いで私は、数年という歳月をかけてこのプロジェクトを進めてきました。

もちろん世界中には、こうした施設が求められている国々はたくさんあります。バングラデシュやソマリア、ネパールなど多くの国にも孤児がたくさんいます。その地域で一生懸命に活動している仲間もたくさんいます。「なぜインドなのですか」とよく聞かれますが、私にはたまたまご縁があったのだとしかいいようがありません。

とはいっても、知らない土地で物事をスムーズに進めるのは困難なものです。自分たちのような外国人が施設をつくったとしても、それが現地の人たちに受け入れられるだろうか。何より、自分のなかにそんな能力があるだろうか。

かつて私はマザー・テレサを訪ねて、相談をしました。

「マザーは貧しい人のなかのもっとも貧しい人を救っていらっしゃいますが、私は貧しい親のない子どもたちにお母さんを与えたいと思っています。母親の温もりを知らない子どもたちに温かな愛を伝えるホーム（家庭）をつくりたいと思っているのですが、私にそれができるでしょうか」

マザー・テレサは私の顔をじっと見つめました。そこにはいつもの笑顔はありません。私の心の奥をじっと探るかのように、厳しい真剣な表情で見つめていました。

そして私に問いかけました。

「あなたに、私と同じことができますか？」

私は、ビックリして即座に答えました。

「とんでもありません。マザーのようなことができる人間など、世界中どこにもいないと思います」

マザーは言いました。

「そうでしょ。あなたに私と同じことはできません。私にだって、あなたと同じことはできません。人にはそれぞれの役割があるのです」

続けて、

「とにかく祈りなさい。あなたの祈りが神様に通じたら、きっとあなたの願いはかなうでしょう」

そう言い残して、マザーは行ってしまいました。

その後、逡巡《しゅんじゅん》をくり返しながら、私は少しずつ計画を進めていったのです。

マザーは祈りをとても大切にしている方でした。
そしてシスターたちばかりか
私たちボランティアにも、いつも祈りなさいと言っていました。
すべては、祈りから始まります。
愛する心を神様にお願いすることなしには
私たちは愛する心をもつことはできません。

インドに行くたびに、まだ見ぬ子どもたちのために土地を探して歩きました。土地勘は多少あるものの、インドの法律や習慣などには精通していません。結局は誰かに手を貸してもらわなければならない。誰かと手を組まなければ計画は進みません。心は焦《あせ》るばかり、どんどん自分の心が汚れていったのだと思います。

計画を進めるためには、資金が必要になります。それはとても自分だけで調達できる額とは思えません。そこで私はインドの資産家や地位や名誉がある人ばかりに目が行くようになりました。もちろんそういう人たちが悪いというのではないのですが、いつしかそれはビジネスの世界に変わっていってしまったのです。施設の建設を損得で考える。それを道具にお金儲《もう》けをしようともくろむ。そんな人間が私の周りに集まりだしました。そこにはもう、心の純粋さなどはありません。私自身も、どこかで傲慢《ごうまん》な気持ちになっていたのだと思います。結果として、必死に集めた資金をだまし取られてしまいました。穴埋めには自分が長女のために蓄えていた教育資金を充当するしかありませんでした。

「神様に祈りが通じたら、きっと願いはかなうでしょう」

マザーの言った言葉の意味が、身にしみて理解できた出来事でした。子どもたちを救いたいと思う純粋な気持ちだけをもっていればこんなことにはならなかったはずです。

仏教に「無一物中無尽蔵《むいちぶつちゅうむじんぞう》」という言葉があります。マザー・テレサの精神に通じるものがあります。マザーは自分では何ももちません。何も欲することがありません。ひたすら祈り続けるだけなのです。

私はマザーの言葉をかみしめながら、再び施設づくりに足を踏み出しました。一歩、また一歩。焦ったところで仕方がない。そのときにできることだけをやる。それがいちばんの近道であることに気づいたのです。

† † †

さまざまな困難がありましたが、レインボー・ホームはこれまでたくさんの子どもたちを育ててきました。そのなかで、両親がいない子どもは一人だけです。あるジャーナリストがレインボー・ホームを訪れて、私に疑問を投げかけました。

「ここには完全な孤児が一人だけしかいないじゃないですか。ここは孤児を救済するための施設ではないのですか」

私は答えました。

「両親がいない。それだけが孤児ではありません。親がいても、貧しさや病気で親が育てることができない子ども、これは経済的な孤児です。しかし最大の貧困を味わっているのは、自分なんてこの世に生まれてこなければよかったと苦しんでいる子どもです。それを私は精神的孤児とよんでいます。マザー・テレサが本当に救いたかったのは、そのような子たちです。私たちは、そういう子どもを抱きしめて『あなたはかけがえのない大切な子だよ』と言ってあげたいのです」

私がレインボー・ホームを通して伝えたいこと。それは、他の人のいのちにかかわっているとき、どれほど自分のいのちが輝くかということです。これまでレインボー・ホームにもたくさんのボランティアが来てくれました。彼らのなかには日本では生きるのが苦しかった人もいます。しかし、レインボー・ホームでのボランティアを通して、どのようにすれば自らが幸せにいきいきと生きることができるのかを体験して帰っていきます。

私たち人間は、他の人のいのちにかかわらなくなると、孤独になります。自分が落ち込んでいるときのことを考えればわかります。落ち込んでいると、自分のことだけしか考えられなくなる。自分のことしか考えられないから落ち込むのか。それとも落ち込むから自分のことしか考えられないのか。鶏《にわとり》が先か卵が先かというのと同じでしょう。

ただ一つ言えることは、私たちが自分の落ち込みから脱するためには、他の人のいのちのために生きればいいということです。

このプロジェクトを進めるなかで、私はたくさんの困難に出合いました。しかし困難に出合うたびに、いつも救ってくれる人が現れるのです。

一度、もう諦めようと悩んだことがありました。そんなときに、ひとりの女性が私のところを訪ねてきてくれました。彼女は子育てに悩んでおり、ときどき相談にのっていたのです。毎日アルバイトで会社のトイレ掃除をしながら暮らしていました。彼女の妹さんが「インド心の旅」に参加することを聞いて、私のところに挨拶《あいさつ》にきました。そして一通の封筒を私にくださいました。

その封筒の中には、お金と一緒に手紙が入っていました。

「ここに三七〇〇円あります。これは私が一日働いて得たお金のすべてです。ほんの少しですが、このお金でインドの子どもたちにプレゼントを買ってあげてください。もうすぐクリスマスですね。私は今日一日、インドの子どもたちのことを思いながら、心をこめて仕事をさせてもらいました。一年間トイレ掃除の仕事をして、辛くて悲しいときもありましたが、いまではこの仕事をやっていて良かったと思っています。どうぞ、気をつけていってらっしゃいませ」

ときには折れそうになる心を、彼女自身もインドの子どもたちを救おうとすることで、つなぎとめていたのかもしれません。この彼女の手紙に、私も大きな希望をもらいました。人のいのちのために何かをすること。その大切さを思い出させてくれたのです。

「自分はここで立ち止まっている場合じゃない。彼女一人のためだけでもいいから、絶対にこのプロジェクトを完成させよう。彼女の祈りにこたえるためにも、自分はがんばらなくてはいけない」

†　†　†

レインボー・ホームに行くと、子どもたちが駆け寄って私を出迎えてくれます。

「五十嵐パパ！」と言って私に抱きついてきます。特に私になついてくれている、ラジューという子とビグラムという子がいます。私は二人に聞いてみました。

「お前たちは、大人になったら何になりたいんだ？　どんな仕事に就きたいんだ？」

二人は目を輝かせながら言いました。

「五十嵐パパみたいになりたい。五十嵐パパがやっている仕事をしたい」

私はその言葉を聞いて、胸が詰まりました。

「私にだって、あなたと同じことはできません」

マザーにしかできないことがあるように、私にしかできないことがある。そして誰もが、その人にしかできないことをもっている。マザー・テレサはそう伝えてくださったのです。

人のいのちとどんなふうにかかわるのか。そこに正解などはありません。それぞれが、自分なりにやればいい。たとえ小さなことでも、自分ができることをやればいい。願いはひとつでも、そのやり方は限りないでしょう。自分がやれることをなすだけです。

第3章

マザー・テレサ 愛の教え

愛はわかち合うものです

貧しいということは、決して不幸なことではない。反対に貧しいからこそ、人は物から解放されて自由な精神を手に入れることができる。これがマザーの考え方です。

貧しい人たちは、互いにわかち合うことを知っています。一方で豊かな人々は、自己の欲望にこだわるあまり、他人とわかち合うことをしません。ただ自分の身を守ることばかりを考え、他人を思いやろうとはしません。

「だから貧しいことは、美しいことなのです。私たちは貧しい人に学ばなければなりません」

とマザーは伝えます。

あるとき、ヒンズー教徒の男性がマザー・ハウスにやってきました。

「マザー。近くに八人の子どもがいる家庭があります。でも、もう長い間、子どもたちは何も食べていません。このままでは死んでしまいます。どうか助けてください」

男性はマザーに懇願しました。マザーは早速シスターたちと一緒に、その家までお米をもっていきました。

母親はお礼を言ってお米を受け取ると、そのお米を半分にわけて、家を出ていったのです。まもなく帰ってきた母親にマザーは尋ねました。

「どこへ行ってきたの？」

すると彼女は、当然のように答えました。

「隣の家族に半分あげてきました。あの人たちもお腹《なか》をすかせています」

隣の家の人たちはヒンズー教徒ではなくイスラム教徒でした。宗教は違っても同じように貧しく、子どもたちは同じようにお腹をすかせている。母親はその悲しみやひもじさや辛さがよくわかっていました。だからこそ、自然に半分の食糧をわかち合うことができたのです。

その日、マザーはあえて、わけてしまった分の米を後から届けることはしませんでした。食べる分が少ないとしても、わかち合う喜びを彼らに十分に味わってもらいたかったからだと言います。互いにわかち合う喜び。そこにこそ人間としての幸せがある。多くの人にその喜びを知ってほしいとマザーは言います。

ある時期、お砂糖がなかなか手に入らないときがありました。砂糖がなくてはチャイも美味《おい》しく飲めません。そのことを知った四歳の男の子がいました。男の子は家に帰って母親に言いました。

「お母さん。僕は今日から三日間、お砂糖を使うのを我慢するよ。そしてその分を、マザー・テレサの子どもたちにあげたいんだ」

単純ですが、子どもにとってはかなりの辛抱を強《し》いられることです。そして三日後、男の子は母親に手を引かれてマザー・ハウスに砂糖を届けにやってきたそうです。それは、小さな瓶に詰められたほんの少しのものでした。でも、マザーはこのことを本当に喜んでいました。

「たくさんの物がいいというわけではありません。大切なことは、自分を犠牲にしてわかち合うという心です」

この男の子はまだ幼くて、マザー・テレサの名前もやっと言えるほどだったそうです。けれども、彼は自分がやらなければならないことを誰よりも知っていたのです。それは「わかち合う」ということでした。

これから
プレム・ダンに行って
ボランティアをしなさい

マザーの施設には洗濯機がありません。洗濯物は毎日、山のように出ます。施設に入っている人たちの衣服を着替えさせますし、病を患っている人が、吐血したり垂れ流したり。ボランティアはそういう汚れ物を、すべて自分の手できれいに洗うのです。

もちろんお金がないから洗濯機を買えないということではありません。もしもマザーが、洗濯機が欲しいと一言でも言えば、世界中から多額の寄付が集まったでしょう。それでもあえてマザーは洗濯機を置きませんでした。汚れた衣服を手で洗うことで、本当の愛と出会うことができる。おそらくはそう考えていたのでしょう。

またマザーは、いかなる人も平等に扱います。大統領であれ、ビジネスマンであれ、あるいは貧しい人であれ、すべては同じ人間として接します。肩書きや立場は問題にしません。

あるとき、アメリカ政府の高官が二人、マザー・ハウスにやってきました。視察が目的ですから、通常ならば数時間施設を見て回るだけでしょう。そしてそのあとはインド観光でも楽しむ。そういう予定を組んでいたのかもしれません。

ところがマザーは彼らに言いました。

「これからプレム・ダンに行ってボランティアをしなさい」

二人はいっさいの予定をキャンセルして、ボランティア活動をしました。そして何日かプレム・ダンに通い、帰国してからマザーに手紙を書いたそうです。

「マザー・テレサ。ありがとうございました。私たちはここで経験したこと、そして施設に収容されている人たちからもらった愛を、アメリカに帰って活かしたいと思っています。大切なものに気づかせてくださって、本当に感謝しています」

マザー・テレサは「コルカタに来たくても来れないたくさんの人々がいる。そのなかでコルカタに来ることができるあなたは幸せ者です」といつも言っていました。「こうして、貧しい人々に直接触れる機会をいただけることは、神様からの特別な贈り物です」と。二人の高官もプレム・ダンで愛の奉仕を行うことで神様に触れる素晴らしい機会をいただいたのです。

貧しい人々は、とても素晴らしい人々なのです

食べる物がなく、住むところもない。そんな貧しい人々を、マザーはかわいそうだとは思っていませんでした。むしろそういう人々こそが、素晴らしい人たちなのだと言います。

ある夜に、マザーたちは路上で暮らしている四人の人たちを救いました。そのなかの一人の女性は、とても身体の状態が悪く、一目見て、もう長くは生きられないということがわかりました。マザーは元気な三人をシスターたちに任せ、自

分はその女性の世話をすることにしたのです。

施設に連れて帰り、ベッドに寝かせて、できる限りのことをしました。女性の手を握り、祈りを捧げていました。するとその女性はとてもすてきな微笑《ほほえ》みを浮かべ、マザーの手を握り返し、「ありがとう」と言って息をひきとったのです。

またあるときマザーは、下水のなかでうずくまっていた男性を施設に連れ帰りました。ガリガリにやせ細って腐ったその手足には、すでにウジ虫が湧いていました。もう食事を取ることさえできません。それでもマザーは、彼の身体からていねいにウジ虫を取りのぞき清潔にすると、衣服を着替えさせました。そして、その背中をさすりながら、「あなたも大切な人なのですよ」と語りかけたのです。その男性は、死を前にしてマザーに言ったのです。

「私はこれまで、まるで動物のように路上で生活してきました。でもいまは、私は愛され大切にされて、死んでいくことができます。本当にありがとう」

このような言葉を最期のときに残せる人。誰に文句を言うこともなく、誰を恨むこともないままに死んでいける人。貧しい人々は、そんな素晴らしい心をもっ

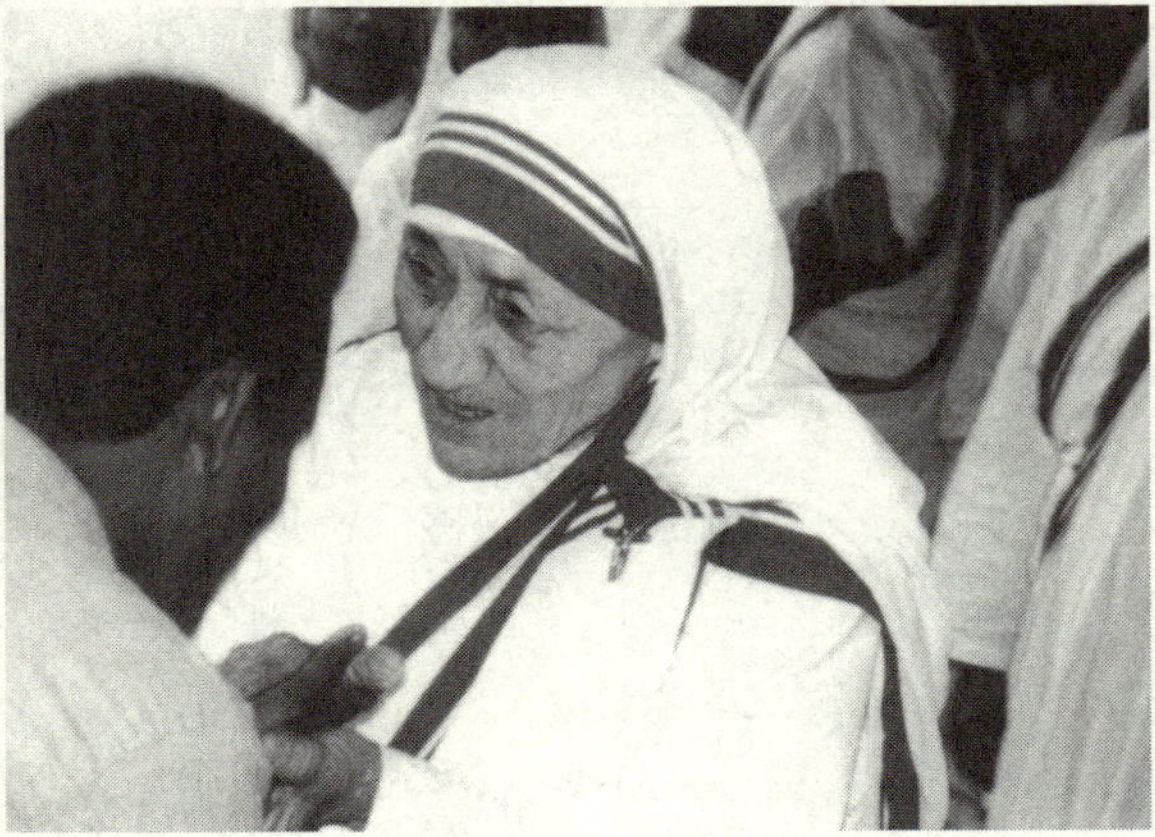

マザー・テレサは、
自分を必要とするすべての人と誠実に向き合い、
その手を握って、祈り、励ましました。

ているとマザーは言います。

くり返しますが、マザーはそういう人たちのことをかわいそうだとは考えていません。決して憐《あわ》れんだりもしません。病気の人たちや貧しい人たちは、神様に選ばれた人々であり、特別に神様から愛されている人々なのだと考えていたのです。マザーにとって彼らは、イエス・キリストそのものです。彼らが見せる愛に溢れる行いに、マザーはますますその感を強くしていきました。

貧しい人やハンディキャップをもった人の心に習いなさい

「貧しい人やハンディキャップをもった人の心に習いなさい」とはマザーがよく言ったことです。ボランティアをさせていただいたプレム・ダンにもそういう人たちが大勢いました。私も、もちろん何かをしてあげるというのではなく、その人たちから大きなものをもらっている。そんな気持ちで取り組んではいましたが、それでも「習いなさい」というマザーの言葉の意味がよく理解できていませんでした。

あるとき、私は国内で障害児の施設のドキュメンタリーを見る機会がありました。障害を抱えた子どもたちが、一生懸命に運動会で走っている姿です。「よーい、どん！」で子どもたちが走り出す。障害があるために、すぐにつまずいて転んでしまう子どももいます。それでも一生懸命に走っています。

あるレースで、二人の子どもが競うように走っていました。どちらも不自由な身体で一生懸命がんばっています。すると一人の子どもが転んでしまったのです。普通ならば、転ばなかったほうの子どもは、「よし、やったあ」と得をしたような気持ちになるでしょう。しかしその子は走るのを止《や》め、引き返して転んだ子を助け起こし、手をつないで走り始めたのです。

その光景を見たとき、私は思わず泣いてしまいました。その子の行動に深い意味はありません。ただ大切な友達が目の前で転んでしまって困っているから、助けてあげよう。一緒に走るのは楽しいから。それだけなのです。実はこれがボランティア精神の原点なのです。

大好きな誰かが困っているとき、もっと余裕があったら助けてあげようとか、帰りに時間があったら助けてあげようなどとは思わないのではないでしょうか。その純粋な気持ちこそが大切だとマザーは言いたいのです。

マザーは、貧しい人を理解するために、自分自身をも貧しい環境に置こうとしました。衣食住をできる限り質素にし、貧しい人たちと同じ立場にいたいと思いました。

「あなたたちも貧しくなりなさい」

現実的にはなかなかできないことです。ましてや自分からハンディキャップを背負うこともできません。

マザー・テレサがいつも大切にしていたことは、お互いが理解し合うということでした。

本当にその人のことを愛しているのなら、心から大切に思っているのなら、その人のことがわかるようになります。その人がいま何をしてほしいのか。何に困っているのか。どんな助けを求めているのか。それに気がつくことこそが愛の原点だというわけです。

貧しい人やハンディキャップをもっている人を理解しなさい。彼らは美しく、優しい思いやりの心をもっています。彼らの心に習いなさいと、マザー・テレサは言っていました。

誰でも、この世に望まれて生まれてきた大切ないのちなのです

マザー・テレサは、コルカタの郊外にハンセン病の患者をお世話するための施設をつくっていました。「チタガール」と呼ばれています。

「チタガール」で最初に患者たちの世話をしたのはシスターたちでした。しかし、世間から排除され、まるで獣《けもの》のように見捨てられる患者たちの心はすさんでいました。そのストレスがシスターたちへの暴力に発展していったのです。病気とはいっても身体は丈夫で運動能力もあります。とても女性の力でそれを防ぐこ

とはできません。そこでマザーはブラザー・クリストダスに施設を任せることにしました。

ブラザーたちは、早速彼らに接し、患者たちが心から傷ついていることを知りました。ハンセン病は肉体的な障害に加えて、神の天罰による治癒不可能な病気だと信じられていました。そのことが彼らを精神的に追い詰めていたのです。しかも彼らは、社会から隔絶されています。公の場に出ることを禁じられ、家族や周りの人々からも疎外されている。まったく社会のなかで不必要な存在だとされていました。さらに彼らは、経済的にまったく無力です。病気を理由に仕事を奪われ、物乞いをするしか生きるすべがない。日々最低限の暮らしを強いられていました。

「これほどまでに苦しめられている人たちが、神への信仰などもつことができるでしょうか。『自分たちを愛してくれる神など本当に存在するのだろうか。もしも存在するのなら、なぜこれほどまでに自分たちを苦しめるのだろうか』きっと彼らはそう叫んでいたのです」

マザー・テレサに宛てたブラザー・クリストダスの手紙にはこう書かれていました。障害や疎外感を否応《いやおう》なしに知らされる二十四時間。それがどれほど長く、辛い時間であったか。それを知るたびに、彼らが暴力的になるのは仕方がないとブラザーたちは感じました。

何とかして患者の魂を救いたい。そのためには彼らを社会復帰させることが一番だ。自分は社会の役に立っている。この社会の一員として生きている。そういう実感をもたせることこそが、救いへの手段だとブラザーたちは考えたのです。

彼らは尽力して、鉄道地の一角に機織《はた》りの工場をつくりました。その工場で患者たちを働かせることにしたのです。彼らはもくもくと仕事に打ち込みました。自分たちが織ったものを誰かが使ってくれる。自分たちも社会の一員として役に立っている。

そんな幸せを味わううちに、彼らの暴力は止んだのです。

どんな障害をもっていようが、どんな病におかされていようが、この世に不要な人間なんて一人もいません。

「誰でも、この世に望まれて生まれてきた大切ないのちなのです」

とマザー・テレサは言いました。

自分は生きていても仕方がないと思う人間を一人も生み出してはいけない。自分は誰からも必要とされていない。自分は誰からも愛されていない。そんな絶望感が高じて、人は暴力や犯罪に走るのです。これは日本でも同じです。

痛むほどに愛しなさい

愛にはいつも犠牲と痛みがつきまとう。犠牲や痛みをともなわない愛は本物ではない。マザーはそう言いました。

二人のヒンズー教徒の男女がマザーのもとを訪れ、たくさんのお金を渡しました。このお金を役立ててほしいと。

「こんなにたくさんのお金を、いったいどうしたのですか？」

マザーは若い二人に尋ねました。すると彼らは答えました。

「私たちは、二日前に結婚しました。結婚式の前から、私たちは決めていたのです。式の衣装は買わないでおこう。披露宴もしないことにしよう。そして結婚のために貯めていたお金を、マザーのところにもっていこうと」

「どうしてそうしようと思ったのですか」

「私たちはとても愛し合っています。互いに愛することの喜びを心から知ったのです。だからその喜びを、貧しい人々とわかち合いたいと思ったのです」

花嫁は一〇〇〇ルピーの花嫁衣装の代わりに、四五ルピーのサリーを着ました。豪華な披露宴をすることもなく、家族だけで質素なお祝いをしました。彼らの新居には、家具さえもろくに揃《そろ》っていません。それでも二人は、愛をわかち合うことを選んだのです。この二人の犠牲をともなった愛を、マザーはとても喜んだといいます。

マザー・テレサはあるとき講演のなかで次のような話をしています。

「私は、あなたたちが棄《す》てようとしている物は欲しくはありません。私は、あなたがたの余っている物をくださいとは言いません。私は、心から痛みを覚えるほどの物を望んでいるのです。

先日、私はある男性から一五ドルを受け取りました。彼はこの二十年間ずっと病に伏していて、身体のなかで唯一動かせるのは右手だけでした。そんな彼のたった一つの楽しみは、一日に数本のタバコを吸うことでした。彼は私に言いました。

『私は一週間、タバコを吸うのを我慢しました。その分のお金をあなたに贈ります』

唯一の楽しみであるタバコを一週間我慢する。それは彼にとってはさぞつらいことだったでしょう。彼がくれたお金で私はパンを買い、飢えていた人たちに与えました。それは彼にとっては『与える』ということで、貧しい人たちにとっては『受ける』ということ。どちら側にとっても、それは大きな喜びとなるのです。

このお互いに愛をわかち合えるということは、あなたと私にできる神からの贈り物なのです。どうぞ、私たちが他人と愛をわかち合えるようにさせてください」

このマザーの言葉は、奉仕の原点だと思います。自分の古着を貧しい人々に与える。食べ残したものを与える。それはわかち合うということではありません。自分自身が痛みを覚えてこそ、わかち合うということになるのです。愛には痛みがともなうとは、そういう意味です。

愛は待つことができない。いま苦しんでいる人がいるのなら、すぐに行ってあげなさい

マザー・テレサという人は、とにかくいまこのときを大事にする人でした。じっとしていることがありません。あれこれと考える前に、目の前の苦しんでいる人々に手を差し伸べる。それが愛であると信じていたのです。

帰天なさる前の年の十二月、マザーはマラリアにかかって入院をしていました。世界中の人々が、マザーの身を案じて祈りました。

いまでこそマラリアはそれほど恐れる病気ではありませんが、なにしろマザー

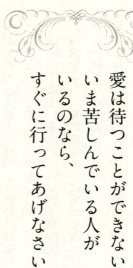

は八十六歳という高齢でした。マラリアにかかると四〇度を超える熱がでます。私も二度経験していますが、それは辛いものです。初めに激しい悪寒があって、いくら布団を被《かぶ》っても身体がガタガタと震えます。次に四〇度以上もの熱がでて意識が朦朧《もうろう》としてきます。それから異常なほどの汗がでます。身につけているものはもちろん、毛布や寝具も汗でびっしょりになります。若い人でも耐えられないような苦しさなのですから、高齢のマザーにとってはさぞ辛かったと思います。

やがて熱が収まると、嘘のように身体は楽になります。ベッドから起き上がって歩くこともできるようになる。しかし、これで治ったかと思いきや、再び翌日には高熱にうなされる。そういう状態を何度かくり返すという病気なのです。心臓の持病をもち、高齢のマザーにとってみれば、おそらくは命も危うくなるほど深刻な状態だったと思われます。

それでもマザーは、少しでも身体が楽になると、もうベッドから起き上がって退院すると言い出しました。

「こんなところで寝てなんかいられない。早く病院から出してほしい。私を待っている人たちがたくさんいる。私は早く行かなくてはならない」

そう言っては医師を困らせたそうです。当時のコルカタの新聞「テレグラフ」では、「ついこの間までマザー・テレサはマラリアと闘っていたが、いまはドクターと闘っている」とユーモラスに報じていました。マザーの容体が快方に向かっているという安心感から、記者は嬉しくてそういう記事を書いたのでしょう。

この年のクリスマスイブの日、私はマザー・ハウスのミサに訪れていました。マザーがマラリアを患ったことは知っていましたので、おそらくお目にかかることはできないだろうと思っていました。しかしこの日、マザーは車椅子に乗って、みんなの前に現れたのです。

彼女がマザー・ハウスの二階のテラスに姿を見せると、一階の中庭に集まっていたたくさんのボランティアは大喜びで拍手をしました。すると、マザーはシスターの制止を振り切って車椅子から立ち上がったのです。まだ病み上がりで、車椅子に乗っていることさえ辛かったはずです。それなのに自分の足でしっかりと立ち、テラスから身を乗り出して、私たちのために講演してくださったのです。

マザーは手をかざして言いました。

「あなた方は、この一週間、一ヶ月ボランティアをして、何を学んだのですか。私のことは忘れてもかまいません。でも、この言葉は覚えておいてください、『You did it to me.』」

そして、何度もこの言葉を私たちにくり返させました。隣でシスターが気をもんで、マザーのサリーの裾《すそ》を引っ張り、車椅子に座らせようとするのですが、耳を貸しません。

その姿を見た人たちのなかには、胸の前で手を組み、涙を流す人もいました。

† † †

愛は待ってはくれない。いますぐに行動を起こすこと。躊躇《ちゅうちょ》している暇など、救いを求めている人々にはないのです。マザーのこの言葉を聞くとき、思い出す人がいます。土屋進さんのことを少し書きたいと思います。

もう三十年も前の話になるでしょうか。私は、問題を抱える子どもたちを預かって家族とともに暮らしていました。我が家だけでなく、友人たちも少し大きな家を借りては、子どもたちとともに生活をしていました。そういう家が、何軒かあったのです。不登校や元暴走族、親や学校から見放された子どもたちが私の周りにいました。

預かるといっても、それは強制的なものではありません。子どもたちの行動は基本的には自由です。夜中になって出歩く子どもたちもたくさんいました。どうしようもない感情を胸に抱え、夜の街に出ていく。別に悪いことをするわけではないのですが、当然のことながら警察官に見つかると補導されます。

少年たちが補導されると、夜中でも私のところに連絡が入ります。我が家にほど近い警察署からの電話です。連絡が入るたびに、私は高井戸警察に子どもをひきとりに行きました。そういうときに、なぜか、いつもいる警察官がいました。それが土屋さんだったのです。不思議なことに、土屋さんが夜勤のときに限って、私のところにいる子どもたちが補導されるのです。いつしか私と彼は顔なじみになっていました。

私が少年をひきとりに行くと、彼はいつも言いました。

「また、あなたのところの子どもたちか。それにしても、どうしてあなたは、こんな手間のかかる連中を預かっているんだ？」

私は答えました。

「この子たちはたしかにドロップアウトした少年です。でもそれは、彼らのせいじゃない。親や学校から見放されて、行き場を失ったからなんです。自分なんか必要とされていない。その悲しみが非行や問題行動に走らせているんです。ただ単に自分を認めてほしいだけではない。彼らはみんな寂しさを抱えているのです。彼らを立ち直らせるチャンスを与えてやってください」

そんな会話を私たちは幾度となくくり返しました。彼は警察官ですから、感情的になるわけにはいきません。かわいそうだからと見逃すこともできない。あくまでも冷静な判断で補導をしていました。立場上、いつも厳しく説教して子どもたちを帰してくれました。

こんなことが何回か続き、初めて出会ってから二年ほどしたとき、土屋さんは心のうちを私に明かしてくれました。

「五十嵐さん。実は、私が本当にやりたいことは、あなたがやっているような活動なのです。警察官として仕事をしていますが、本当はそういう傷ついた子どもたちこそ救ってあげたい。非行少年を補導するのではなく、そうなる前に彼らの心を救ってあげる生き方をしたいと思っているのです」

「それなら、私が勤める生涯学習の研修所にいらしてください。そこには、自分が尊敬する所長がいますから」

彼はこの一言を私に言うまでに、おそらくずいぶん迷ったことでしょう。そして、その後彼は、警察官を辞める決心をしたのです。あと数年も勤めれば、定年退職になります。定年で辞めれば、もちろんまとまった退職金も入ってきます。定年まで勤めて、それから共に活動してもいいでしょう。何もそんなに急いで結論をださなくてもいいのではと私も思いました。

それでも彼は、きっぱりと退職して、私たちとともに活動することにしたのです。いま、目の前で苦しんでいる子どもたちがいる。だからこそ、いま、自分のできることをしたい。定年してから、もっと自分に余裕ができてから。それでは遅すぎる。苦しんでいる彼らは待ってはくれない。彼らが人生の道を踏み外す前に、彼らの寂しさや苦しさを救ってやりたい。それこそ自分がやるべきことだ。そう考えたのでしょう。「愛は待ってはくれない」というマザーの言葉そのままの素晴らしい決断だと私は思っています。

それから二、三年経って、彼は私と一緒に、マザーのもとに足を運びました。初めてマザーに出会ったときのことを次のように記しています。彼の報告レポートを抜粋して紹介したいと思います。

「マザー・テレサとの出会い」

宿泊先のYMCAホテルに着いた翌日、挨拶をかねて施設でのボランティア活動の許可をいただくために、マザー・ハウスを訪れたところ、マザーが出てこられました。そしてメンバー一人ひとりの手を取って握手をしてくれたのです。マザーの手はサラッとした感触でしたが、大きな大きな手でした。貧しい人々に仕えてこられた手です。その手からにじみでるように伝わってくる温かさ、ぬくもりを忘れることができません。写真で見るよりも色白で血色がよく、笑みをたたえた目は青く澄んでおりました。

私たちは翌日からカリガートと呼ばれる「死を待つ人の家」と「プレム・ダン（愛の贈り物）」の二ヶ所にわかれてボランティア活動を始めました。衰弱しきって死を待つばかり、点滴を受けながら横たわる人々、回復して元気を取り戻し、食欲も旺盛になって外に戻れそうな人。さまざまな人がいますが、その人たちのお世話をさせていただきました。しかし、どのように世話をすればいいのか、教えてくれる人はいません。先輩がやるのを見て真似をするしかないのです。

スウェーデン人やオーストラリア人などの外国のボランティアに混じって、もう数年も通っているという日本人の男性がいました。みんなはユキさんと呼んでいました。ユキさんのやることを見よう見まねでヒゲを剃《そ》り、爪を切り、食事の世話や下の世話をします。世話をしてもらって合掌をしたり、アリガトウと日本語でお礼を言う人もいるかと思えば、初心者で慣れない私たちに文句を言う人もいます。もっと食事をくれとせがむ人もいたりして、なかなかたいへんです。それでもユキさんたちは笑顔を絶やさずにもくもくと彼らのために尽くします。その心をこそ、学ばせてもらおうと思いました。「私はこうして奉仕させてもらえることに感謝したいのです」。ユキさんは私に言いました。フルネームさえ明かさないユキさんは、何の報酬もなしにコルカタ市内の安宿から、数年も自費で通い続けているのです。

「貧しい人への借り」

コルカタには路上で生活する人がたくさんいます。繁華街の大通りの歩道上には、ほこりまみれになりながら、手や足のない人たちが、また、骨ばかりになった手足を震わせながら通行人に物乞いをしている姿を見かけます。

そんななかに、額の肉が顎《あご》のあたりまで垂れ下がり、目も鼻も口も見えない、まるで化け物のような顔で物乞いをしている女性を見ました。こんな不平等があっていいのか。人間とはどうして、ここまでして生きなければならないのか。頭のなかを衝撃が走りました。私はそこに、輪廻転生《りんねてんせい》の姿を見たのです。

私たちの乗っているタクシーが交差点で停車しているわずかの時間に、乳飲み子を腰に抱えた母親が近づいてきます。そして窓越しに「ワン・ルピー」とお金を要求してきます。他に四、五歳の子どももいて、路上で火を焚《た》いて生活している様子です。母親は、観光客からお金をもらうのは当然の権利だと言わんばかりの剣幕です。そのとき、私は動揺を隠せずにうろたえていました。

豊かさのなかに浸って生活している私たちが、どうしても避けて通ることのできない、真剣に考えなければならない問題があります。

マザー・テレサの言葉を思い出します。

「私たちは、貧しい人たちにどれだけ借りがあるか。それは天国に行ったときによくわかるでしょう」

死を待つ人の世話は、その借りを返済する気持ちでひたすら仕えることが必要なのだとマザーは言われているのではないでしょうか。それはまた、思いやりからわかち合いの時代に移行する必要を示唆《しさ》するものではないかとも思うのです。それ以外に、コルカタのスラムを解消し、乳飲み子を抱える母親の心を癒す道はないのではないかと考えてしまうのです。

警察官を定年前に辞めて、ボランティアの道を歩み続けた土屋さん。彼もまた、マザーの心を引き継いだ人間のひとりだと思います。八十歳近くになる彼は、子どもたちを救うためにもう走り回ることはできないでしょう。しかしきっと、彼の遺志を継ぐ若者が周りにいる。次の世代へとマザーの心を伝えている。私はそう信じています。

真夜中の高井戸警察署。あのときの土屋さんとの温かい心の触れ合いを、私は生涯忘れることはないでしょう。

あなたがたは、ここで何を学びましたか

「あなたがたは、ここで何を学びましたか。子どもの家で、あるいは死を待つ人の家で、あなたがたは何かをしてあげたと思わないでください。していただいたのは、あなたがたのほうなのですから」

マザーは世界中から訪れるボランティアたちに、必ずこう言います。マザー・テレサは宗教を超えた愛の人のように言われていますが、そうではありません。ただイエス・キリストの愛を伝えたかったのです。

「あの貧しい人たちは、私なのです」

貧しい人、病気で苦しんでいる人、彼らの叫びのなかに、そう言っているイエスの声が聞こえるから、マザーは一生懸命に尽くすのです。

しかし現実的には、それはなかなか難しいことでもあるでしょう。目の前に困っている人がいても、あれこれと考えて助けるのを躊躇してしまう。そんな経験は誰にでもあるものです。

かつて私の事務所に、とても心の美しい女性がいました。彼女の家の近くには、高速道路が通っています。道路の高架下は雨がかからないので、いわゆるホームレスの人々が暮らしていました。彼女はそこへ度々、何かしらの食べ物をもっていきました。彼女の頭には、いいことをしているとか、施《ほどこ》しを与えているなどという思いはありません。ただ困っている人がいるから、自分ができることをする。それだけです。ところが彼女の家族は反対しました。

「もし家まで来られたらどうするの」

「悪いことをした人なのかもしれないんだから、かかわるのはやめなさい」

第4章

マザー・テレサ 愛の祈り

ただ祈りなさい

「ただ祈りなさい」

マザーは私たちにそう言いました。そして私たちの頭に手を置いて祈りを捧げてくれました。マザーが言う祈りとは何を表すのでしょうか。

「祈る」という言葉を聞くと、私たちはついお願い事のようにとらえてしまいます。手を合わせて、「幸せになれますように」「お金持ちになれますように」「志望する学校に合格できますように」と。お正月には神社やお寺で手を合わせてお参りをする。お盆になるとご先祖様に向かって家内安全を願ったりする。マザーが言うところの祈るとはそういうことではないのです。

私は講演会で話をするときに、よくメーテルリンクのチルチルとミチルの話をします。特に小さな子どもたちには、この話が一番理解しやすいからです。「幸せの青い鳥」の話は皆さんもよくご存じでしょう。

亡くなった、おじいさんとおばあさんがいる思い出の国にチルチルとミチルは入っていきます。部屋のなかを見ると、そこにはおじいさんとおばあさんが椅子に座って、コックリコックリと居眠りをしています。チルチルとミチルが気づいて「あっ、おじいさんとおばあさんがいるよ」と言うと、二人は目を覚まします。

「おじいさん、おばあさん。どうしていつも眠っているの？」

「私たちはね、地上の誰かが祈ってくれたときに目を覚ますんだよ」

「でも、うちのお父さんは、祈ったって仕方がない。そんなことは無駄だよって言ってるよ。祈るって何？」

「祈ることなんて簡単なことさ。ただ思い出すだけでいいんだから。私たちは誰も思い出してくれなければ、ずっと眠っているんだよ」

私はこの話が大好きです。祈りとは思い出すということ。忙しい日々に追われて、私も父や母のことを思い出すことが少なくなっていました。たった一分思い出すだけでいいのに、そこにさえ心を向けなかった。それはとても悲しいことであり、不幸せなことだったのです。

祈りとは、三つのことを意味します。一つは「ありがとう」という感謝の心。次には「ごめんなさい」というお詫びの気持ち。そしてもう一つは「どうか幸せになってください」という祝福の心。この三つが含まれているのです。マザーと出会った人たちはみんなこの意味を理解していると思います。

ある国で、マザーは老人ホームを訪問しました。そこは家族から引きはなされ、息子や娘に連れてこられたお年寄りたちでいっぱいでした。

施設はとても奇麗《きれい》です。冷房や暖房もきちんと整備され、食事もいいものが提供されて生活していくには快適な場所です。ところがお年寄りたちの顔には笑顔がいっさい見られません。そして、なぜか全員が入り口のほうに向かって座り、じっと閉じられたドアを見つめていました。

マザーは施設の人に聞きました。

「どうしてここのお年寄りには笑顔がないのですか？　私たちのところは、こんなにも恵まれた環境ではありません。でも、みんなの顔には笑顔が溢れています。ここは何でも揃っているのに、どうしてみんなドアばかりを眺めているのでしょう？」

施設の人は答えました。

「彼らは、そこから、家族が入ってくるのを待っているんです。息子さんや娘さんが訪ねてきてくれるのを、ひたすら待ち続けているんです。みんな、家族から忘れ去られてしまった寂しさを抱えています。だからドアから、愛がくるのを毎日待っているのです」

自分の存在を忘れ去られた人たちの孤独感。その寂しさは、どれほどのものでしょう。もっとも愛し、愛されるべき人に忘れ去られた寂しさ。誰からも必要とされていない悲しみ。それこそが最大の不幸だとマザーは言っています。

だから私たちは、祈ることが必要なのです。

「人は皆、必要とされてこの世に生まれてきたこと」を知るために。

その痛みを捧げて祈ってください

マザーのところにいる一人のシスターが、重い病気におかされました。治ることのない病です。彼女は耐えがたい痛みに、毎日ベッドの上で苦しんでいました。

ある日お見舞いに行ったマザーはベッドの横に座って、シスターの手を握って言いました。

「苦しいでしょうね。辛いでしょうね。あなたの苦しさ、辛さを少しでもわかってあげたい。どんなふうに苦しいのか言って」

するとシスターは微笑みながら言いました。

「それは、たとえマザーといえども言えないわ。だって、この苦しみは神様と私だけの秘密なんですもの」と。

不治の病におかされて苦しんでいる人はたくさんいます。しかしマザーからすれば、「不治の病もまた、神様からの祝福だ」というのです。身内が苦しみながら死んでいく姿を見るのは辛いことです。

「何も悪いことをせず、一生懸命に生きてきたのに、どうしてこんな苦しい死に方をしなければならないのか。神様なんてこの世にはいないのか」

そう思うのは当然でしょう。しかし、その苦しみさえも、マザーは神様の祝福だと言います。神様から特別に愛された証拠だと。

重い病気にかかる。あるいは苦しみながら死んでいく。そういう状況になると、私たちは「バチが当たったんだ」という言い方をしてしまいます。誰にも迷惑をかけずに、真面目に生きてきたのに、どうして神様はバチを与えるのか。それとも知らず知らずに何か悪いことでもしたのだろうか。

「妻を大事にしなかったのがいけなかったのか。子どもにもっと愛情をかけてやればよかったのか。人の悪口ばかり言っていたからバチが当たったのか。いずれにしても、こんなにも苦しいのはきっと自分のせいなんだ」

そのように自分を責めながら死んでいく。それはとても悲しいことですし、魂が救われることもありません。せめて死ぬ前に言ってあげたい。

「あなたは何も悪くはないのです」「あなたは神様から選ばれた人なのです」

この一言で、どんなにたくさんの魂が救われることになるでしょう。貧しい人々、病におかされた人々。そういう人々こそ、イエス・キリストの受難を身をもって体験できる光栄にあずかった人である。それがマザーからのメッセージです。

「その痛みを捧げて祈ってください」。マザーの呼びかけに応えて、いまも、病気の苦しみや痛みを神に捧げて祈り続けている人たちがいます。

私は病気を救いたいのではありません

もう三十年以上も前の話です。当時のインドにはまだたくさんの物乞いをして暮らす人たちがいました。そのなかには子どもの姿もありました。よく見ると、手足が奇妙な形に折れ曲がった子どもがいます。何かの難病にでもおかされたのか。誰かに傷つけられたのか。ともかく妙な曲がり方をしているのです。

コルカタの郊外にドッキンネシュワールというきれいな寺院があるのですが、

そこには両腕のないジュマンという青年がいます。彼が子どものころから知っているので、「インド心の旅」のグループを案内して寺院に行くと「アンクル（おじさん）」と、微笑を浮かべてなつかしそうに寄ってきます。私は思い切って親しいインド人の通訳を通して聞いてみました。

「あの子たちは、どうして手足が曲がってしまったのですか？」と。

すると青年は答えました。

「あの子たちは、親によってあんな姿にされてしまったのです」

私はびっくりしました。

インドのコルカタには、職を求めて多くの人間がやってきます。田舎では仕事がなかなかありません。何人もの子どもを抱えて、暮らしていくことができないのでしょう。そこで家族みんなで都会に移ってくるのです。

しかし、都会に出たはいいけれど、みんなが仕事を見つけられるわけではありません。仕事が見つからなければ、子どもを食べさせていくことはできません。

自分たちが生きるだけで精一杯です。それで子どもを捨てざるを得ない親がいるのです。

ただし、捨てるだけでは子どもたちは飢え死にしてしまいます。そのため親は自分の手で子どもの身体を傷つけるというのです。親がどうしてもできなければ、代わってそれを引き受けてくれる業者まであるというのです。

手足がなかったり、折れ曲がっていたら、同情してくれる人たちが食べ物を恵んでくれる。何とか食べることには困らないだろう。そういう「愛情」からわが子の手足を折るというのです。

これはもちろん犯罪です。しかしその犯罪が、インドの一部の人にとっては愛情だと考えられる。そのすさまじい貧しさの前に、私はただ立ち尽くすしかありませんでした。もちろん現在ではそのような光景はありませんが、当時のインドには町中に貧しい人々が溢れていたのです。

マザーはできる限りの手を尽くして、そういう人々を救おうとしました。貧しい人や病気の人。その一人ひとりにイエスが宿っている。ボランティアたちにも、くり返しそのことを伝えていったのです。

あるとき一人のボランティアの青年が、道端に倒れている老婆をみつけました。声をかけても返事はない。辛うじて息はしているものの、重い病気にかかっているのは明らかでした。誰の目から見ても、もう残された時間が少ないことはわかります。病院に運んだところで、おそらくは手の施しようがないでしょう。それでもマザーは、その老婆を施設に連れていくよう青年に言いました。

「どうして連れていくのですか。おそらくこの人はもう助かりません。連れていったところで、私たちは何もできないのではないでしょうか」

青年の言葉にマザーは答えました。

「それはよくわかっています。この人の病気は治すことができないでしょう。でも私は、彼女の病気を救いたいのではありません。彼女が最期を迎えるときに、『自分は愛された。大切にされた』という思いで天国に帰ってもらいたいのです」

人は誰しも、最期のときを迎えます。神様のところへ帰っていく。そのときに、ひとりきりで行かないようにしてあげたい。誰にも看取《みと》られずに、孤独のままに最期を迎えさせないために、マザーはカリガート（死を待つ人の家）をつくったのです。そこにあるのは、この世で誰一人として、いらない人はいないのだという、マザーの強い思いなのです。

あなたの周りにも、貧しい人がたくさんいるでしょう

マザー・テレサは、貧しい人たちを放っておくことができませんでした。貧しさの種類はたくさんあります。マザーが言うもっとも貧しいこととは、自分など必要とされていないと感じることです。この心の渇きこそが、もっとも貧しいことなのだと。

一九七九年にマザーがノーベル平和賞を受賞したあと、初めて来日したとき、日本人に対して次のようなメッセージを残しています。

「あなたの周りにも貧しい人がたくさんいるでしょう。あなたの家庭にだっているじゃないですか。あなたの学校にもいるじゃないですか。あなたの職場にだって、あなたの身近な人にもいるでしょう。それは何かと言うと、自分なんか必要とされていないと感じている人たちです。自分なんてこの世に生まれてきた意味がないと思っている人たちです」

このメッセージが、いったいどれくらいの日本人の心に届いたでしょうか。このメッセージの意味を、どれほどの日本人が深く理解できたでしょうか。

たまたまインドという国では、経済的な貧しさ、食べることができないという貧しさが表面に現れています。一方で豊かな国とされる日本ではどうでしょうか。物質的に満たされた豊かな国。そのなかでは、

「自分なんて、この家には必要のない人間なんだ。生まれてきたのが間違いなんだ。お父さんもお母さんも、自分の気持ちなんか何もわかってくれない。だった

らこんな家なんか飛び出して、友達と一緒にいたほうがずっと楽しい」

そう言って家を飛び出し、暴走族の仲間に入ったり、非行に走る子どもたちがいます。あるいは学校に行っても、自分たちの気持ちをわかってくれる先生などいない。成績のいい子ばかりを可愛がり、そうでない子は邪魔者扱いされる。偏差値という実体のない価値観でのみ評価される。

「いい成績をとって、いい大学に入ることだ。そうすればいい会社に就職することができる。それが人生の幸福なんだ」

大人たちはそんな価値観を一方的に押し付けてくる。

「本当にそれが幸せなの？」

と聞いてみても、親は答えることができない。勉強ができない子は、人生で幸せになることができない。そう言われた子どもたちは、行き場を失ってしまうのです。

私はそういう子どもたちを連れて、「インド心の旅」をスタートさせたのです。

「インドにでも行ったら、少しは人生観が変わるかもしれない。お金は出してあげるから行ってらっしゃい」

そう言って子どもたちを送り出す親がたくさんいました。もう自分の手には負えないから、インドにでも行って変わってこい。貧しい国に行けば、自分の置かれた環境がどんなに恵まれたものかわかるだろう。親のありがたみを感じてくればいい。金なら出してやる。そんな親たちに、私は深い愛情を見ることはできませんでした。

もしもそういう親たちが、自分自身を犠牲にしながらも、大切な人たちに尽くす姿を見せていたらどうでしょう。愛する我が子のために、お金ではなくて深い愛情をあげていたらどうでしょう。きっとその子たちは、喜んで家庭のなかに帰ってくるはずです。家に安らぎがあれば、家に帰ってくるはずです。子どもたちが勝手に家を出て行ったのではありません。家庭に安らぎがなかったのです。

† † †

戦後の大変な時期、それを乗り越えなければならなかったという日本の不幸もありました。私たちより上の年代の人たちは、戦後の日本を復興させるために一生懸命に働いてくれました。いま私たちは、その上にあぐらをかいているのです。

たくさんの人たちが、集団就職で都会を目指してやってきました。必死になって働き、やがて結婚して子どもをもうける。小さな家を建てて、そのローンを払うために、なりふり構わず仕事をする。自分たちが生活することに必死で、隣近所に目を配る余裕などありません。特にマンションなどで暮らしていれば、隣にどんな人が住んでいるのかさえわからない。知ろうともしません。他人や地域社会のことなど興味がない。ただ自分の家のことだけ考えればそれでいい。それこそが幸せなのだと思い込んできたのです。

おじいさんやおばあさんと暮らすこともなくなり、子どもたちは祖父母の世話をする両親の姿も見たことがありません。祖父母の愛情に触れた経験がないために、平気でお年寄りを粗末にする。近所づきあいもないから、人間関係も学ぶことができません。

猫の額ほどの土地に建てられたウサギ小屋のような家に住むようになってから、私たちは他人のために何かをするということの大切さを、子どもたちに伝えられなくなったのではないでしょうか。その結果、子どもたちの叫ぶ声が聞こえてきます。

「人間の生き方って、本当にこれでいいの?」

「もっと人として、ちゃんとした生き方があるんじゃないの?」

「偏差値や大学の名前だけで、人間の価値って決まるものなの?」

日本の子どもたちは、そんな叫び声を上げているような気がします。子どもたちの心から発せられる「I THIRST(私は渇く)」という叫び声がマザーには聞こえていたのです。

† † †

孤児という言葉があります。前にも申し上げたのですが、この孤児には、実は三種類の意味があります。

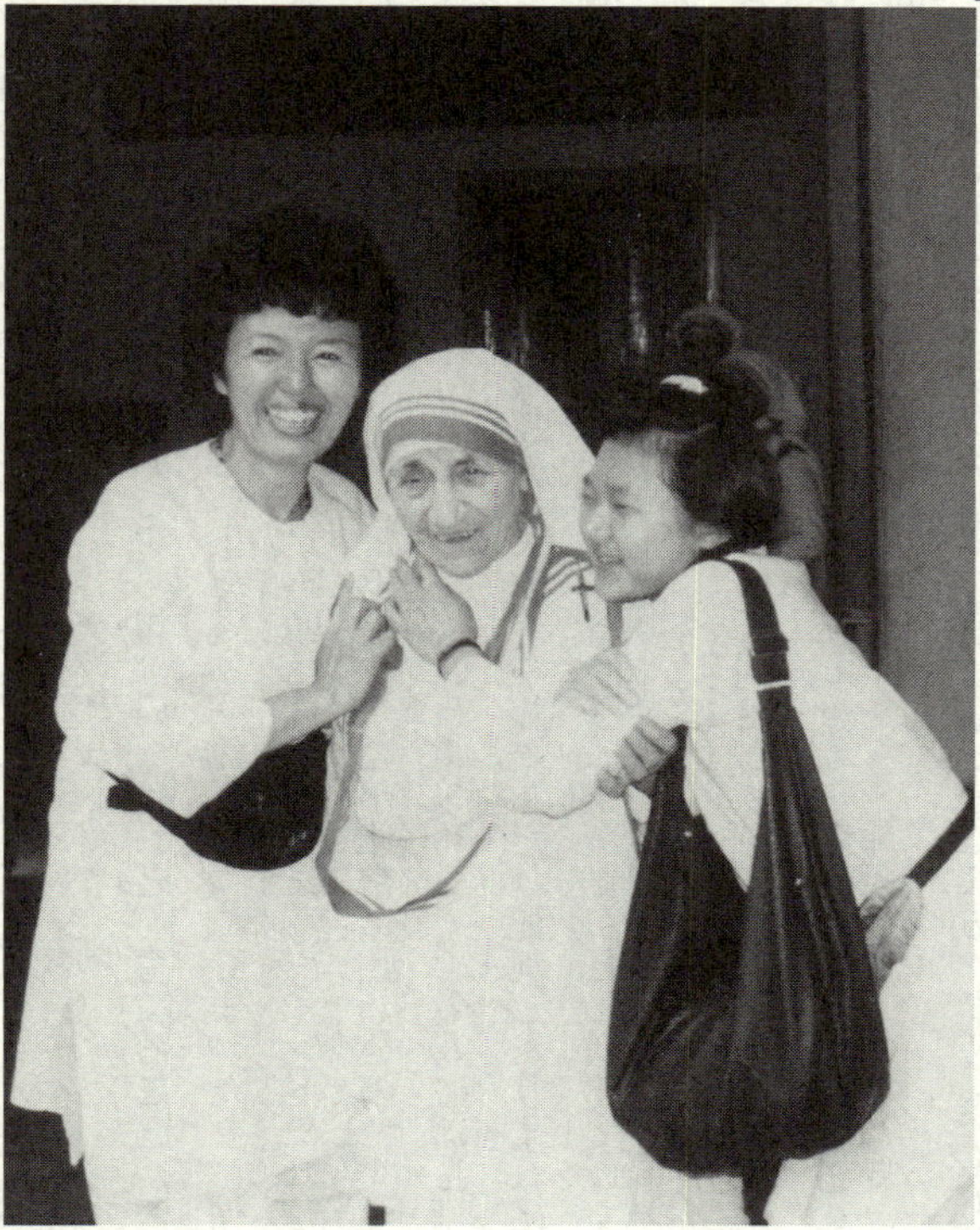

マザー・テレサに代母になっていただいて
洗礼を受けた工藤さん親子。
母と子、祖母と孫のように幸せいっぱいの笑顔。
一緒に式に参列した人々も
皆温かな喜びで心満たされました。

一番目には、両親がいないという意味での孤児です。おそらくほとんどの人は、孤児と聞くとこういった子どもを思い浮かべるでしょう。

二番目には経済的な孤児です。親はいるけれど、育てることができない。父親が逃げてしまったり、あるいは母親が病気になってしまったり。何らかの理由から家庭が崩壊し、子どもたちが路頭に迷ってしまう。インドにはこういう孤児がたくさんいます。インドでは、再婚するのが非常に難しいのです。というのは、ほとんどがお見合い結婚ですから、いわゆるバツイチの人にはお見合い話をもってきてくれる人がいません。ですから離婚したり死別したりすれば、もう家庭を築くことができません。そこで経済的な孤児がどんどん増えていくわけです。

そして三番目には、精神的な孤児です。両親は揃っている。食べるものもある。それでも、自分は必要のない人間だと感じている。この世に生まれなければよかったと思っている。マザー・テレサが一番不幸だとしているのが、この精神的な孤児なのです。

こうした孤児というのは、何も子どもだけではありません。大人にだって、精神的孤児はたくさんいるでしょう。家族からも疎外され、職場でも必要とされていない。社会のなかで孤立してしまっている。実際には違っていても、本人がそう思い込んでいる。そういう人たちの魂を救ってあげなさいとマザーはメッセージを送ったのです。

「あなたの周りにも、貧しい人がたくさんいる」

このメッセージを、私たち日本人はもう一度思い出さなくてはなりません。隣人に対して何ができるのか。追い詰められている人たちが周りにいないか。もしもいたとしたら、自分は何をしてあげられるのか。それを考える姿を子どもたちに見せることです。

私たちが次世代の子どもに残すべきものは、財産でも立派な家でもありません。互いにわかち合い、助け合い、補い合う心だと思います。自分の周りに貧しい人がいないか。もう一度見まわしてみてください。

けっして一人ぼっちではありませんよ

私たちが「インド心の旅」を始めたころ、コルカタを訪れたときは、チョーロンギー通りというところにあるＹＭＣＡのホテルに宿泊していました。そのＹＭＣＡから地下鉄で二十分ほどのところに、「死を待つ人の家」があります。ヒンズーの神を祭るカーリー寺院の一角です。

「死を待つ人の家」は現地の言葉では「ニルマル・ヒルダイ（清い心の家）」と呼ばれています。重い病気に罹《かか》った人や、餓死寸前の人たちを収容する施設です。

ここでボランティアをしていると、毎日何人かの人の死に出会います。ボランティアは、こうした瀕死《ひんし》の患者さんたちの世話をさせていただくわけですが、ときには死体の運搬なども手伝うこともありました。

遺体は一時的に安置所に運ばれます。私も何度かそのお手伝いをしましたが、遺体安置所の奥には英語で「私は天国にいく途中にいます」と書かれてあります。天国に出発する前の少しの時間を、ここで過ごしているのだと。おそらくはマザー・テレサがそのような表現を使ったのでしょうが、ここにもマザーの死に対する考え方がよくでています。

マザーは、死というものをけっして不幸なことだとは捉えていませんでした。人間は死んだら神の元へいく。それは素晴らしいことであり、祝福されるべきこと。死に至るまでの病気さえも、神様の祝福であると言っています。神様に選ばれた者が貧しさや病を背負いながら帰っていくと。

マザーのこうした言葉はよく聞かされていましたし、頭のなかでは理解しているつもりです。しかし実際に「死を待つ人の家」でボランティアをしていると、ふっと疑問にぶつかることがあります。もうすぐ死を迎えるということが明らかにわかっている。そんな人たちに対して、いったい自分は何ができるのだろうか。彼らは私に何を望んでいるのだろうか。どうすれば彼らの魂を救うことができるのかわかりません。

「この世の最大の不幸は、貧しさや病ではない。むしろそのことによって見捨てられ、誰からも自分は必要とされていないと感じることなのです」

マザーはそう言いました。そうであるならば、息をひきとる人のそばにただ座っていることも、ボランティアなのかもしれない。できることが何もなくても、ただ手を握っているだけでいい。頭のなかではそう思うのですが、やはり毎日のように人間の死に直面していると、とにかく動き回っていないと不安でたまらなくなるのです。

「死を待つ人の家」でボランティアをして、ホテルの部屋に戻ってくる。夜になると、その日に自分が接した人たちの顔が浮かんできます。死を目の前にして、手を動かすことのできなくなった老人。口元にスプーンをもっていくと、反射的に口を開けて食べようとする。おそらくは何を食べているかさえわからないでしょう。

「まだ、もう少しだけ生きていたい」

そんな言葉を発しているように、スプーンの前で口を開けます。一生懸命にもくもくと食べながら、じっと私の目を見つめています。どんな思いで彼は私の目を見ているのだろう。その答えは見つかるはずはありませんが、夜になるとたくさんの目が思い返されるのです。

私は日本という国に生まれ、これまで生きてきました。

「自分は望まれてこの世に生まれてきたんだ」

そう実感できる瞬間を何度も味わってきました。けっして順風満帆《じゅんぷうまんぱん》ではないにしても、たしかに生まれてきた幸せを味わった経験が多くあります。同じような喜びをもっている友人もたくさんいます。

しかし、「死を待つ人の家」に収容されている人たちには、果たしてこれまでの人生のなかで幸せの実感があったのでしょうか。生まれてからずっと路上で暮らし、飢餓と病のなかで生きてきた。日本はいま不況だといわれていますが、彼らから見ればまるで天国のように見えるでしょう。貧しさの基準がまったく違うのです。そんな彼らに向かって、

「あなたも望まれて生まれてきたんですよ」

という言葉を、私たちは確信をもって伝えることができるでしょうか。

しかし、マザー・テレサという人は、確信をもって彼らにこの言葉をかけました。

瀕死の状態で「死を待つ人の家」に運ばれてきた老婆。身体にはウジ虫が湧き、顔にはネズミに齧《かじ》られた跡があちこちにある。皮膚は乾ききって、すでに死人のようにしか見えません。誰が見ても、命はあと数時間しかもたないことがわかる。

それでもマザーは老婆に手当てを施します。腐った足にもぐり込んでいるウジ虫を一匹ずつピンセットでつまんで取り除き、顔と身体をきれいに洗ってあげる。ネズミに齧られた傷口には薬を塗り、ていねいに消毒し、ガーゼや絆創膏《ばんそうこう》を

貼ってあげる。

「あなたは必要な人なんですよ。けっして一人ぼっちではありませんよ。あなたも、望まれてこの世に生まれてきた大切な人なんですよ」

その言葉をくり返しながら、マザーは老婆の手当てをしているのです。その後ろ姿を見ていると、

「私は、けっしてあなたを一人ぼっちで死なせませんからね」

というマザーの声が聞こえてくるようです。

そうして数時間後、その老婆は「私は天国に行く途中にいます」と書かれた部屋へ、シスターやボランティアにかかえられながら運ばれていきました。

第5章

マザー・テレサ 愛の遺言

『I THIRST』このイエスの叫びを忘れてはいけません

「I THIRST（私は渇く）」。この言葉は、「You did it to me.」と同様に、マザーが生涯をかけて伝え続けた言葉です。

この「I THIRST」とは、イエス・キリストが十字架にかけられ、天に帰る直前に叫んだ言葉です。ほとんどの書物には、マザー・テレサが「神の愛の宣教者会」という修道会をつくったきっかけは、ダージリンへ行く列車のなかで「貧しい人のなかのもっとも貧しい人に仕えなさい」という啓示を受けたことと書かれています。しかしこれは正確ではありません。

実際には、一九四六年九月十日、ダージリンに向かう列車のなかで、十字架に磔《はりつけ》にされて息絶えようとするイエスが、マザー・テレサの前に本当に現れたというのです。そしてイエスが息をひきとるその姿が、マザーの目にははっきりと見えたのです。そしてイエスは、マザーに向かって語りかけました。

「私は渇いている」と。

驚いたマザーは、ダージリンに到着するとすぐにチャペルへ駆け込みました。そして何日も祈り続けたのです。

実はこの「私は渇く」というのは、ヨハネによる福音書第一九章に記された話です。聖書のなかのその部分を紹介しておきます。

「イエスの十字架のかたわらには、その母と、母の姉妹と、クロパの妻マリアと、マグダラのマリアが立っていた。イエスはその母と愛する弟子がそばに立っているのを見られ、母に『婦人よ、これがあなたの子だ』と言われ、また弟子には『これがあなたの母だ』と言われた。そのときからその弟子は、マリアを自分の家にひきとった。そのとき、イエスは全てを成し遂げたと知り、聖書を実現するために『私は渇く』と言われた。酢を満たした器がそこにあったので、彼らは酢に浸した海綿を投げ槍につけて、イエスの口に近寄せた。イエスは酢を飲んで、『全ては成し遂げられた』と言い、頭を垂れて息をひきとられた」

（ヨハネによる福音書第一九章）

イエスは列車のなかでマザー・テレサに向かって、「I THIRST」と叫んだのです。それは幻覚でも幻聴でもなく、生きているイエスの叫びだったのです。十字架のもとにはイエスの母マリアの姿が見えました。使徒ヨハネやマグダラのマリアも見えたそうです。

マザーはイエスについて、「real living person（現実に生きている存在）」という表現をしていました。マザーにとってイエス・キリストは、単に聖書にある過去の人物ではありません。目に見えて触れることができ、話のできる実在の人だったのです。

チャペルでの黙想の間中、イエスは絶え間なくマザーに呼びかけたといいます。

「お前は私の伴侶となった。私のためにインドへ来た。お前が抱いていた人の魂を救いたいという渇きは、こんなに離れたところまでお前を導いたのだ。そう、私のために、人々のために、もう一歩踏み出すことをなぜおそれるのか。お前の惜しみなき心はもう冷めてしまったのか。私はお前にとって二の次になってしまったのか」

数日間もマザーは、そんなイエスの言葉を聞き続けました。そしてついにロレット女子修道会を出る決心を固めたのです。

「あなたが望む、どんなところにでも私をお使いください」

この日からシスターたちにも、「私はイエスと結婚した」という言い方をしていました。

マザー・テレサの教会に行くと、十字架の左側に「I THIRST」と書いてあります。マザーは言います。

「もし『I THIRST』という言葉がこの十字架からなくなったら、『神の愛の宣教者会』の意味がありません」

シスターたちが祈りを捧げる姿を見ていると、目を閉じていません。誰もがしっかりと十字架を見つめ、その声を聞こうとしています。そしてマザーはシスターたちにこのように伝えます。

「イエスの『I THIRST（私は渇く）』という言葉を聞けないシスターたちがいます。もしあなたがたが本当に聞くことができないとすれば、貧しい人に仕えることはできません。私は間もなくこの世を去ります。私のことは忘れてかまいません。忘れてはいけないのは『私は渇いている』というイエスの叫びです。この『神の愛の宣教者会』は、イエスの渇きを癒すために生まれました。どうぞ知ってください。私たちはイエスの渇きを癒すためだけにここにあるのです」

イエスは血を流しながら、意識が朦朧《もうろう》としていくなかで、鞭《むち》で打たれていました。十字架に磔にされる際、もがいて落ちないように膝の骨は折られていたそうです。また手のひらに釘を刺している絵がほとんどですが、手のひらでは十字架から肉がこそげ落ちてしまうだろう、だから釘は手首に打たれていたとする説もあります。もし手首に釘を打たれれば、出血多量でそう長く生きることはできなかったでしょう。

† † †

おそらくイエスは、この状況で多くを語ることはできなかったはずです。それでも最後に、この言葉を残さなくてはいけなかった。たった一言で、「ああ、あのことだ」とわかる言葉。それが「I THIRST（私は渇く）」だったのです。イエスの母、マリアだけがわかる話があります。それは、ヨハネによる福音書第四章に書かれている「サマリアの女」の話なのですが、筆者流に解釈すると、次のような話だと思います。

† † †

イエスが宣教を始めて間もなくのころ、サマリアという地方に行ったときのことです。そこには、サマリア人が先祖代々水を汲《く》んできたといわれる「ヤコブの井戸」がありました。その井戸のそばで、イエスは疲れて休んでいました。お弟子さんたちはみんな食べ物を買いに市場へ出かけていて、そこにはいなかったようです。その場にいたのは母マリアとごくわずかの女性たちだけです。

そこへサマリアの女が水を汲みにやってきました。イエスは「のどが渇いているから、水を飲ませてください」と言うのです。

するとサマリアの女は驚きました。イエスはユダヤの人です。サマリア人とユダヤ人とはとても仲が悪かったのです。だから、「水をください」とユダヤ人がサマリア人の女性にお願いするなどということはありえません。そんな時代背景の中にこの話はありました。

サマリアの女はこのユダヤ人は何を言うのだろうと思って、

「あなたは私に水をくれと言っても、この井戸から水を汲むための桶《おけ》ももっていないじゃない。コップだってもっていない。どうして水を飲むことができるの。私があなたにコップなんか貸すわけがないでしょう」

と、言い返すのです。

するとイエスは、

「もしあなたが、わたしが誰であるかということを知っているならば、あなたのほうから願い出て私に水を差し出すだろう」

そして、イエスは続けました。

「あなたが差し出す水は、またのどが渇く。代わりに、私はあなたに永遠に渇かない水をあげよう」

すると、このサマリアの女は言いました。

「そんなたいそうな永遠に渇かない水があるんだったら、いますぐ私に出して見せてよ、そしたら私はこの井戸の水をあげるから」

イエスは、

「あなただけじゃなくてあなたの夫にもあげるから、あなたの夫を連れてきなさい」

と言われたのです。サマリアの女は言いました。

「何を言うの。私に夫なんかいません」

そのタイミングをつかまえて、イエスは、

「夫がいないとはよく言った。あなたがいままで深い関係にあった五人の男は、いまのあなたの夫ではない」

と、言ったのです。サマリアの女は驚きました。なおもイエスは続けました。

「あなたはあのときこういうことをやってきたでしょう。ああいうこともやってきたでしょう。そのときこんなことも思った。まずあなたはそのふしだらな行いをやめなさい。あなたは次々とそうして男と深い関係になってしまうけれども、あなたの心は満たされなかったでしょう。あなたの心はいつも空《むな》しかったでしょう。あなたはいつも淋《さび》しかったでしょう」

イエスは罪をあばくだけではなかったのです。彼女の心を癒してあげるのです。

「あなたが淋しいとき、苦しいとき、どんなに辛かっただろう。私についてきなさい。そうすればあなたは必ず神の国に入ることができる」

サマリアの女は、この人は私のすべてを知っている、この人の前では何も隠せない、いや、隠す必要はないと思いました。イエスはおもむろに手を差し伸べました。彼女は泣きながらその手にすがりついていきました。与えられたものは永遠に渇かない水でした。それは、聖霊に満たされた愛だったのです。

十字架にかけられたイエスの足元にいたマリアには、すべてがわかっていました。

「人々に、父なる神と聖霊とイエスの愛を伝えていきなさい」

最期にイエスが伝えたかったのは、そのことでした。

私の名前を使って
お金を
集めないでください

マザー・テレサの意思を汲んで、世界中でボランティアたちが活動をしています。そうした活動は善意の寄付などで支えられていますが、マザーは自分の名前を使って寄付を募ったりすることをとても嫌いました。

貧しい人たちに何かを与えるということは、犠牲をともなう愛のなかにある。ただ単にたくさんのお金があればいいというわけではない。おそらくはマザー・テレサの名前を出せば、一挙にたくさんのお金が集まるでしょう。「マザー・ハウスの運営資金が不足している」と一言でも言えば、世界中からお金は集まってきます。それほどまでにマザーは世界中の人たちから慕われていたのです。

佐久島という三河湾に浮かぶ小さな島があります。そこでは私の友人が、心を病んだ青少年のための施設を運営していました。両親から見捨てられて傷ついた子ども。学校でいじめにあって不登校になってしまった子ども。人とのコミュニケーションが上手にとれない子ども。そんな子どもたちが共同生活をするなかで、優しさや生きる希望を取り戻していく、「グリーンスクール」といいます。

子どもたちはあるとき、発展途上国の貧しい現状を知りました。自分たちも苦しんでいる。しかし、苦しいけれども餓死することはない。世界には、道端で死んでいく子どもたちがたくさんいる。何とか自分たちでも役に立てないだろうか。お金を送ってあげたいけれど、仕事をして稼《かせ》ぐことはできない。そこで子どもたちは、一週間に一日、朝食を我慢することにしました。

一回の朝食を我慢すれば、一人当たり数百円というお金が浮きます。その分のお金を数ヶ月に渡って貯めたのです。「このお金をマザー・テレサのところにもっていってほしい」と、友人はそのお金を私に託しました。私は言われたとおりに、佐久島の子どもたちからの寄付をマザーに届けました。お金の意味を説明すると、マザーは心から喜びました。子どもたちからの「犠牲のともなった愛」を嬉しそうに受け取ってくれたのです。

そして、佐久島の子どもたちに向けて、メッセージを書いてくださったのです。

「愛する佐久島の子どもたちへ
あなたがたが贈り物に託して
貧しい子どもたちにわけてくださった愛ゆえに、
神様はあなたがたを愛してくださるでしょう。
あなたがたのために祈ります。
それはあなたがたへの私の感謝の心です。
神様の祝福がありますように。

マザー・テレサより」

私はこのメッセージを読んで思いました。貧しい人々を思いやる佐久島の子どもたちの心のように、世界中の人々が生きられたらどんなに素晴らしいことか。世界中にこのマザーのメッセージを届けたい。帰国した私は、さっそくこのマザーのメッセージと写真を印刷して、便箋《びんせん》をつくったのです。もちろん私としては、便箋を売ってお金を得ようなどとは考えていません。ただマザーの精神をメッセージに託し、全国にこの「愛」を伝えたかったのです。そのためには便箋がもっとも役立つと思ったからです。

きっとマザーも喜んでくれる。そう思って、完成した便箋をもっていきました。ところがマザーの反応は意外なものでした。

「どんなことにも私の名前や写真を使って寄付を集めないでください。私はつい先日、そう世界中に通達したばかりです。だから、あなただけに認めるわけにはいかないのです。あなたがビジネスのためにつくったのではないということは私にはわかりますが、他の人はそうはとらないでしょう」

私は聞きました。

「もちろんビジネスに使おうなどとは考えていません。もしもお金をいただくことがいけないのなら、無料で差し上げてもいいですか？」

それでもいいと私は思っていました。とにかく、グリーンスクールの青少年たちの犠牲とマザーのメッセージをみんなに伝えたかったからです。

「売ることはいけないけれど、あなたの周りの人だけで使うことは認めましょう」

この言葉にはほっとしました。とにかく、便箋が無駄になることはない。製作費はすべてもち出しになるけど、そんなことはかまわない。そう思っていた翌日に、再びマザーは私にこう言ったのです。

「あなたの周りの人だけが使うのならいいと言いましたが、やはりそれもやめたほうがいいでしょう。周りにはいろんな見方をする人たちがいます。あなたがマザー・テレサの名前を使って寄付を集めているなどと少しでも誤解されたら、私も悲しい思いをします。その便箋はすべて私のところにもってきてください」

そうマザーに言われました。次にインドに行ったときに、私はつくった便箋すべてをもっていきました。そしてもう一度だけ、確認しました。

「どうしてお考えが変わったのですか？」

マザーは答えました。

「それはね、マリア様に相談したら、マリア様がやめたほうがいいとおっしゃったからよ」

このとき私は、おぼろげに理解したのです。マザー・テレサという人は、イエスやマリアと対話をしているのだと。現実に生きている存在として触れ合っているのだと。マザーは生涯このことを他言しませんでしたが、そういう神秘的な力をもっていたのです。

† † †

マザー・テレサにとって奉仕とはいったい何だったのか。貧しい人や病に苦しむ人を救うとはどういうことだったのか。その真意や全体像をすぐにつかむことは難しいかもしれません。実際にインドに行き、プレム・ダンや死を待つ人の家などでボランティアをすれば肌でわかるでしょうが、すべての人にそういう機会があるわけではありません。

ここにマザー・テレサが世界中の「マザー・テレサ共労者会」の人たちに宛てたメッセージがあります。このメッセージを読めば、「私の名前を使ってお金を集めないでください」と言ったマザーの心が、少しは見えるかと思います。

「貧しいとはどういうことでしょう。貧しいとは自由であるということです。自由なので、私は所有物に支配されることはありません。所有物に押さえつけられることもありません。自分の所有物だからといって、それを共有したり、与えることを拒むことはありません。だから貧しいことは必要なことなのです。貧しい人たちを理解できるようになるために、私たちは貧しいことがどういうことなのかを知らなければなりません。だからこそ、私たちは自ら完全に身を委ねて、貧しくなる自由が必要なのです。

私たちは、使えないもの、食べられないものを何でもほうりこむゴミ箱のように貧しい人を扱っていないでしょうか。この服やあの服が着られないから貧しい人たちにあげる、とか。自分が奉仕している貧しい人たちと一体感をもっているでしょうか。貧困がなくなることを望むなら、貧困を共有しなければなりません。

貧しい人たちは尊い人たちです。私たちが与える以上のものを私たちに与えてくれます。私たちに心のこもったことをたくさん教えてくれます。彼らには、私たちの同情や憐れみは必要ありません。彼らには、私たちの愛や思いやりが必要なのです。私たちは自分たちが裕福だからといって貧しい人たちを憐れんではいけません。私たちは痛みがわかるほど彼らを愛さなければなりません。私たちは貧しいことがどういうものかを体験する必要がありま す。そうすれば、貧しい人たちのことが理解できます。彼らを知れば彼らを愛することになり、彼らを愛すれば私たちは奉仕することになるのです。

ときには貧しい人たちが餓死することがありますが、それは神がその人たちのことを気にかけていなかったからではありません。それは、あなたや私が彼らにパンを与え、着るものを与える神の手に握られた愛の道具にならなかったからです。キリストが再び、お腹をすかせた人、孤独な人、住むところを探しているホームレスの子どもに姿を変えてやってきたのに、私たちは気がつかなかったのです」

イエスは姿を変えて、貧しい人となり、病を背負う人となって現れている。これがマザー・テレサの心です。

だからこそ、「I THIRST」と「You did it to me.」の二つのメッセージを伝え続けたのです。これ以上の「愛の贈り物」があるでしょうか。

この世に平和と一致と愛がきますように

この世に平和と一致と愛をもたらすための原点は家族です。家族は共にいること。そこにこそ幸福の原点がある。いちばん大切なのは家族の愛。マザー・テレサはいつもそう言っていました。マザーがボランティアに送ったメッセージにも、そのことが述べられています。

「平和の祈り

『この世に平和と一致と愛がきますように』

この平和への祈りを唱えるために、先日私はデリーへ行きました。私たちの愛の奉仕は、常に平和の奉仕です。そこで再び、とても強い誓いを立てました。すべてのシスターも一緒です。一つの聖なる誓願です。

『私は望み、願います。神の恵みと共に、聖《きよ》い心となることを』

聖い心は一部の人のぜいたくではありません。一人ひとりへのごく普通の恵みであります。ですから、キリストはとてもはっきりとおっしゃいました。

『天の父が聖らかであるように、あなたがたもそうでありなさい』

と命じられたのです。

見てください。五本の指を使って憶《おぼ》えてください。さあ、両方の手を使いますよ。先ずは、右の手、

『You did it to me.』

一本ずつです。次は左の手。

『I will, I want, with God's blessing, be holy.（私は望み、願います。神の恵み

とともに、聖い心になることを)』

忘れないでください。次に会ったときには、テストしますよ(笑い)。

これがこの十日間ほどのボランティアを通して、貧しい人のなかのキリストに触れている間に、あなたが受け取ったものなのです。それは心を洗い浄《きよ》めてくれ、あなたを聖くしてくれるとても美しい贈り物です。

そしてあなたがたが自分の国、自分の家族へ帰るとき、愛することの喜びを運び、あなたが出会うすべての人とそれをわかち合ってください。あなたが受けたもの、もっているものをみんなに伝え、天の父の本当の聖らかさを見せてあげてください。

家族には、祈りが戻ってきます。一致と愛が戻ってきます。愛と平和と喜びがあり、あなたは神を知るでしょう。

聖なる父と聖霊に感謝いたします。

「神の愛の宣教者会」のシスターや共労者の方々、そしてすべての人たち、貧しい人々のために、感謝を捧げます。

イエス・キリスト　われらが主よ
私たちは、あなたの恵みを授かりました。
父と子と聖霊の御名《みな》において」

†　†　†

家族が共にいること。そこにこそ幸せの原点がある。私がかつて、傷ついた子どもたちをひきとったのも、彼らに家族を与えてあげたい。そういう気持ちでした。

愛は家庭から。その自分自身の体験を綴《つづ》りたいと思います。

まだ私が二十代だったころ、私と家内は学校からドロップアウトし、家族にさえ見放された子どもたちと生活を共にしていました。あるとき、預かっていた男の子が勝手に実家に帰ってしまいました。そして、実家に帰るや否や暴れ出したというのです。

「すぐに来てほしい。この子を五十嵐さんの家に連れて帰ってほしい」

母親から電話が入ったのは午前二時でした。真冬のこと、凍り付いた車のフロントガラスに風呂場からさめたお湯をバケツにくんで、いきおいよくぶっかけ私は車を飛ばして彼の実家、千葉へと急ぎました。

家に着くと、そこは散々な状態でした。冷蔵庫はボコボコにへこんだ状態で倒れています。窓ガラスは叩《たた》き割られていて、あたり一面にガラスの破片が散らばっている。両親はなすすべもなく、息子が暴れているのを怖々《おどおど》と見ているだけでした。

とにかく私は少年を落ち着かせて、こたつを挟《はさ》んで話しました。すると彼はこう言いました。

「お父さんとお母さんは、僕を家から追い出して、二人でのほほんと暮らしているじゃないか。僕だって学校に行きたいんだ。行きたくないから行かないんじゃない。どうしてそれをわかってくれないんだ。僕の気持ちを何もわかってくれないじゃないか」

私は彼の心を鎮《しず》めるために言いました。

「君を預けている間に、お父さんとお母さんも反省しているんだよ。自分がどういうふうに生きていかなくちゃいけないかを、ずっと考え続けているんだよ。お父さんとお母さんに、勉強する時間をあげようよ。その間だけ、私の家で暮らしていればいい。そして、お父さんとお母さんが君のことを理解できるようになったら、またここに戻ってくればいいじゃないか」

身勝手な親だとは思いつつも、そういう言い方しか私はできませんでした。少年は私の話を、上着のポケットに手を入れながらじっと黙って聞いていました。

「わかったね。じゃあ、私の家に帰ろう」

そう言って手を差し出したときです。

「いやだ！　行きたくない！」

少年はそう叫ぶと、ポケットから手を出して振りかざしました。その手には剃《かみ》刀《そり》が握られていました。一瞬の出来事です。気がつくと、私は鼻から顎にかけて、一直線に切られていたのです。何が起きたかわかりませんでした。おびただしい量の血が顔面から噴き出しました。

とにかく剃刀を取り上げないと、彼は両親をも殺してしまうかもしれない。私は頭のなかで冷静にそう考え、彼の手を取りねじりあげ、後ろ向きに倒し、馬乗りになって彼を押さえつけました。高校時代まで器械体操をしていましたので、腕っ節には多少の自信があったのです。

少年から剃刀を取り上げると、近くに電話器がころがっていましたので、私は自らダイヤルし、救急車を呼びました。両親も、私の怪我を見て震えていました。やがて救急車のサイレンが聞こえてくると、私の意識は次第に薄れていきました。気がつくと、そこは病院でした。かすかに看護師さんたちの声が聞こえました。

「何なの？　この顔。唇がないじゃない」

自分は死んでしまうのかもしれない。薄らぎつつある意識のなか、そんなことを感じていました。結局は鼻から顎にかけて二七針も縫いました。いまもその傷跡はくっきりと残っています。首の動脈のところにも、傷跡が残っています。こちらは深くはなかったので良かったのですが、もしもあと一センチ踏み込んでいたら、おそらく命はなかったでしょう。私は生かされたのです。

手術後が大変でした。口が開けられませんから、ストローで牛乳や重湯を飲むしかありません。痛みも酷《ひど》く、苦しい生活がしばらく続きました。退院して数日後、少年の両親が私の家にやってきました。

「うちの息子が五十嵐さんのところにいたことは、なかったことにしてくれませんか」

両親はそう言うと、封筒を差し出しました。封筒のなかには一万円札が一〇枚入っていました。両親はそそくさと帰っていき、それっきり連絡はありません。私も家内も、あまりのことに呆然《ぼうぜん》としてしまいました。お金なんか要らない。ただ一言「申し訳なかった。これからは自分たちの力で、絶対に息子を立ち直らせますから」と、そういう謝罪を私たち夫婦は望んでいたのです。

病院に警察官がやってきて言いました。

「これは明らかな傷害事件ですから、五十嵐さんが訴えれば、私たち警察はすぐに動きます。彼は裁判にかけられて少年法で裁かれるでしょう。どうされますか」

たしかに彼は私を傷つけました。しかし、どうして彼はそんなことをしたのか。何が彼を凶行に駆り立てたのか。そこに思いをはせたとき、私はどうしても「訴えます」とは言えませんでした。私が一言「訴える」と言えば、少年は確実に少年院に収監されるでしょう。そうなれば、彼は立ち直ることができないかもしれない。ましてあの親のもとでは、難しいに違いない。私は警察官に聞きました。

「彼が少年院送りにならないためには、どういう方法があるのですか？」

警察官は驚いたような顔をして答えてくれました。

「病院で精神鑑定を受けさせるという方法があります。情緒障害という診断が出れば、入院ということになり、少年院送りにはなりません。お医者さんの判断です」

「では、そのようにしてください。私は少年を訴えません」

「わかりました。五十嵐さんがそうおっしゃるなら。でも、本当にそれでいいのですね？」

そんな会話をして、警察官の人たちは帰っていきました。結局その少年は数ヶ月の入院の後に、病院を出て行ったそうです。その後の彼がどうしているのか、親は何も連絡をよこしません。いまもわからないままです。

この事件をきっかけに、私の考え方は変わりました。

私と家内はそれまで、子どもが好きで他人の子を預かってきたけれど、本当にそれが子どもたちにとっていいことなのか。その家族にとって幸せなことなのか。本当は、親子が血みどろになって闘いながら、家族の絆《きずな》をつくり出していくものなのではないか。そのチャンスを私は奪っていたのかもしれない。実は、自分がいいことをしているという満足感に浸っていただけかもしれない。

私はそう考えました。そして預かっていた子どもたちを、親の元に帰したのです。帰してくれるなと言う親もいました。帰るのが嫌だと言う子どももいました。それでも私はみんなを親元に帰らせました。預かることはできても、私は本当の親にはなれない。家族の絆は家族のなかでしか生まれない。帰らせれば、また問題を起こすかもしれない。それでもいい。親子には、生まれてくる前からの縁がある。親が上で子が下というわけでもない。親子は同等の関係で互いに学んでいくもの、そのように自分の心は変わっていきました。

マザーが言う、「家族が共にいる」とはどういうことでしょう。家族であっても、いつも穏やかでいられることなどない。ぶつかり合うこともあれば、出て行きたくなることもある。それでも一緒にいることで、絆はきっと深まっていく。たとえ十分間でも、共に祈りなさい。ただそれだけで、互いの心が溶けることもある。

マザーが伝えたいのは、そういうことだと思います。

どうぞ、子どもたちを殺さないでください。私たちが世話をします

欧米諸国では、多くの少年少女が麻薬に溺《おぼ》れています。そんな状況を見るにつけ、マザーは心を痛めていました。なぜそのようなことが起こるのか。マザーは考えました。それは、家庭のなかに誰一人として、彼らを受け入れる人がいないからです。父親も母親もとても忙しく、子どもたちと一緒に過ごす時間がありません。あるいは親が養うことを放棄したために、子どもたちは道端で暮らさざるを得ない。そうして問題を起こしていく。これらは明らかに、平和を破壊してい

るということなのです。

しかし、それよりももっと大きな平和の破壊者は、堕胎《だたい》であるとマザーは言います。堕胎というのは母親による直接的な殺人。それは直接的な戦争ともいえるのです。聖書には、神が言われることが記されています。

「たとえ母が自分の子どもを忘れることがあっても、私は決してあなたを忘れない。私はこの手のひらのなかであなたを創った」（旧約イザヤ書）

私たちは神の手のなかで創られました。自らに似せて神が創造したのです。胎児もまた、神の手によって創られたのです。母親が忘れても、神はあなたを忘れることがない。

堕胎は最大の平和の破壊なのです。いま私たちがここにいるのは、両親が生まれてくることを望んだからです。もしも両親がそれを望まなかったら、私たちはこの世に存在していないでしょう。しかし一方、世界中で数千万人もの命が、毎年母親の意思で殺されています。

「母親が我が子を殺せるのなら、私があなたを殺し、あなたが私を殺すこともできます。人々が簡単に殺し合えば、そのあとには何が残るでしょう。何も残りません。戦争とまったく同じです。だからこそ堕胎は最大の平和破壊なのです」

マザーはそう言います。そして彼女は、世界中に堕胎の罪を訴え続けたのです。

それだけでなく、マザーたちは養子縁組によって堕胎を防ごうと活動をしています。望まれない子どもであっても、絶対に堕胎はさせない。育てることができないのなら、新たな親を探せばいい。神が創った命を守ることが使命なのだと。

「どうぞ、子どもたちを殺さないでください。私たちが世話をします」

このような文書を、マザーは世界中の診療所や病院、警察などに送りました。また、未婚の母となった人たち、育てることが経済的に苦しくなった母親たちには、

「私たちのところへいらっしゃい。私たちがあなたの子どものケアをします。そして、子どもたちのために家を用意します」

ということを送っています。マザーのところには、子どもがいない人たちが多く訪れます。子どもを預かりたいというたくさんの申し入れがあります。たまたま養子縁組の現場を見たことがあります。「シシュ・ババン」にひきとられた幼い子どもを、ベルギーからやってきた夫婦がひきとっていきました。彼らには自分たちの子どももいます。にもかかわらず、ひきとりたいと言うのです。彼らは貧しい身なりの幼子にきれいな洋服を着せ、腕のなかに抱きました。このときはマザーがすでに帰天していましたので、彼らはマザーのお墓に赴《おもむ》き、子どもと一緒にお墓にキスをして帰っていきました。それは、とても慈愛に満ちた光景だったことを覚えています。

†　†　†

余談になるかもしれませんが、日本にもマザー・テレサと同じ考えで小さな命を救った人がいました。

故・菊田昇先生です。菊田医師は、宮城県石巻市で産婦人科医をしていました。堕胎によって失われる赤ちゃんの命を守るため、虚偽の出生証明書を作成し、実子斡旋《あっせん》をして告発され、裁判で敗訴しています。日本では養子縁組は認められていましたが、実子斡旋は違法だったのです。

自ら罪に問われることを知りながら、どうしてそこまでしたのか。私は菊田医師の生前、本人に直接聞きました。

「私がやったことは、たしかに法律を犯していました。しかしこれは、もっとも小さな命を助けるための緊急手段なのです」

当時の日本では、いま以上に未婚の女性が子どもを産むことに対して世間の目は冷たかったのです。また、子ども自身も成長して自分が養子であると戸籍をみて知ることで、問題になるケースも多くありました。堕胎を望んで診療所を訪れる女性を説得し、母も子も助けるには、それしか方法がなかったのです。

そして彼は、聖書にあるマタイによる福音書第二五章を話してくれました。

キリスト教の信者でない私でも、イエス・キリストはものすごいカリスマ性をもった人類の教師だと思いますが、そのもっとも大きな教えは、「この世でもっとも小さい人に為したことは、天に為したことである」と断言されたことに尽きるような気がします。

菊田医師は、赤ちゃん実子斡旋の罪を問われましたが、彼はもっとも小さい無力な人に仕えたかったのです。ただひたすらに、小さな命を救いたかったのです。私の友人にも、菊田医師から子どもをいただいた女性がいますが、彼女も子どもも、いまはとても幸福な生活を営んでいます。

もしも親が望まなかったとしても、あるいは生まれてきても家庭的、経済的に恵まれないことがわかっていたとしても、身ごもった以上は絶対に堕胎などしてはいけない。身ごもるということは、すなわち神様から授かったということ。

「勇気をもって産みなさい。この世のなかには子どもが欲しい人たちがたくさんいる。欲しくても恵まれない人たちがたくさんいる。その人たちとの間を、私が結んであげます。それまでは、私たちがしっかりと育ててあげます。だから絶対に、あなたの子どもを殺してはいけません」

このマザーの訴えが、世界中に広がることを心から願っています。

いま私は、中国に神の愛の宣教者会をつくろうとしています。どうか私のために祈ってください

（私がマザーから直接聞いた最後の言葉）

一九九七年九月五日。マザー・テレサが帰天するその日、私たち「インド心の旅」のメンバーはコルカタを訪れていました。ボランティアの人たちのグループと、お釈迦《しやか》様の聖地を訪ねたいという人たちの二つのグループにわかれて行動していたのです。

お釈迦様が初めて法を説いたサルナートという場所があります。そこから私は聖地巡礼の人たちを引率し、あちらこちらを回っていたのです。その間、私のア

シスタントをしてくれていた高塚さんがコルカタに残り、ボランティアの人たちのお世話をしていました。

そして九月五日、二つのグループがコルカタで合流して、帰路につこうという計画でした。私たちのグループはベナレスから列車に乗り、朝早くにはコルカタに着く予定でした。これならば朝のミサに間に合い、帰国する前にもう一度、マザーに会えるだろうと思っていたのです。しかし、列車が大幅に遅れてしまいました。朝に着くはずの列車が午後になってしまう。日本では考えられないことですが、インドでは日常茶飯のこと。いわゆる「インド時間」というものです。日本のように一分一秒刻みで動いていくのも疲れますが、インドほど時間にルーズだと、これまた疲れるものです。私たちは、帰国する前にマザーに会いたいという望みをあきらめなくてはなりませんでした。

合流した私たちは、レストランでささやかなお別れ会を開きました。初めてインドでのボランティアを経験した人たちは、来たときとは表情が違っていました。生きるとは何か。奉仕するとはどういうことなのか。そういうことと真剣に向き合った充実感に溢れていました。

お別れ会が終わりレストランの外に出てみると、バケツをひっくり返したような大雨が降っていました。雷をともなった大雨は、インドでは珍しいことではありません。しょっちゅう大雨が降るのに、道路の水はけが悪い。あっという間に道路に溜まった水は、膝までに達していました。仕方なく私たちは人力車を手配し、何とかホテルまで帰りました。そこで雨が落ち着くのを待ち、空港へと向かったのです。

東京行きの便は、十九時発のインド航空。定刻どおりに私たちは機内へと乗り込んだのですが、いつまで経っても飛行機は飛び立ちません。何十回となくインドに来ている私は「またか」と思いましたが、慣れていない人たちはイライラした様子でした。

機長から「計器に故障が見つかりましたので、現在修理しています」という機内アナウンスがあり、機内食や飲み物のサービスが提供されました。まあ、食事でも取りながら待っていてくださいということでしょう。そうするうちに再び機長のアナウンスが聞こえてきました。

「計器は操縦席と副操縦席に同じものがありますから、飛べないことはないのですが、万が一のために完全に修理してからフライトしたいと思います。修理ができる技術者が明日にはムンバイから来ますので、今夜のフライトはキャンセルさせてもらいます」

文句を言っても、これればかりは仕方がありません。乗客が飛行機から降ろされたのは、夜中の一時を過ぎてからでした。航空会社が空港近くのホテルを用意してくれました。しかし、そのホテルの周りには店などもありません。明日の出発時刻も何時になるかわからない。その間、ホテルに缶詰めにされるのも嫌なので、私は航空会社と交渉して「マザー・ハウス」に近いホテルを特別に用意してもらいました。せっかく一日延びたのだから、いっそ朝のミサに出てから帰ろうと考えたのです。

† † †

深夜のホテルに到着すると、サリーを着た受付の女性が待っていてくれました。そして私たちの顔を見るなり、こう言ったのです。

「あなたがたは、マザーのところにボランティアにきた人でしょう？　つい先ほど、マザー・テレサが天国に召されたのをご存じですか？」

私は耳を疑いました。

「そんなはずはない！」

ベナレスへ赴く前に、私はマザーと会っています。たった四日前のことです。マザーは私の目をしっかりと見ながら言いました。

「いま私は、中国に神の愛の宣教者会をつくろうとしています。私はどうしても中国に、貧しい人のための神の愛の宣教者会をつくりたいのです。どうか私のために祈ってください。私もあなたがたのために祈ります」

とても元気な様子でそう言われた――。この言葉が、私が聞くマザーの最後の言葉になるとは、にわかには信じられませんでした。隣にいたアシスタントの高塚さんも、受付の女性に向かって言いました。

「だって、今朝、私たちはマザーに会っているんですよ。ミサにもお元気な様子でいらしたんですよ。マザーが亡くなったなんて、とても信じられません」

ホテルの人が冗談でそんなことを言うはずはない。本当にマザーは天に召されたのだろう。そう頭では理解しつつも、心のなかでは嘘であってほしいと願い続けていました。

ホテルの部屋に入ると、まっ先にテレビのスイッチを入れました。どのチャンネルも、マザーの訃報を伝えています。マザー・テレサの特集が組まれ、生い立ちや業績などが紹介されていたのです。しばらくの間、私はテレビにくぎ付けになっていました。

こんな気持ちのままで、眠りにつくことなどできません。夜が明けたら駆けつけるつもりでしたが、いてもたってもいられませんでした。マザー・ハウスはおそらく混乱していて入れないかもしれないけれど、とにかく行ってみよう。私は高塚さんと、彼と同室の鈴木さんを誘って、三人でマザー・ハウスへと向かいました。時刻は深夜の三時を過ぎていたと思います。

マザー・ハウスに駆けつけると、すでに報道陣たちは引き揚げたあとでした。それでも入り口付近には数人の警察官が立っていました。こんな時間に駆けつけてきた日本人。一人の警察官が私たちに尋ねました。

「あなたたちは、いまごろ何をしにきたのですか？」

私は答えました。

「私たちは、マザーのもとでボランティアをするために日本から来ています。つい先ほどマザーの訃報を聞いて、お祈りを捧げにきました」

すると警察官は、ハウスのなかに通してくれたのです。これもまた、おそらくは日本では考えられないことでしょう。余程の関係者でない限り、こんなときに入れることはありません。なかに入ると、顔見知りのシスターが手招きをしています。そして私たち三人を、マザーが眠っているところへと案内してくれました。そこは、神父さんの控え室でした。

部屋のなかには等身大のマリア像があり、その足元にマザー・テレサが仰向けに横たわっていました。その顔は、とても亡くなったとは思えないように美しいものでした。いまにも目を覚まして起き上がりそうなくらい、静かに眠っているようでした。

シーツがかけられた氷のベッドに、マザー・テレサは寝かされていたのです。手前にはシスター・フレデリックをはじめ数人のシスターがいて、お祈りを捧げていました。私はマザー・テレサの眠っているような頬《ほお》に、そっと自分の頬を寄せました。ひんやりとしたマザーの頬の感触。その冷たさを感じたとき、「ああ、マザーは本当に逝《い》ってしまったのだな」と実感しました。と同時に、後から後から涙が溢れてきたのです。

もう二度と生きたマザー・テレサに会うことができなくなる。私はマザーの姿を、三枚だけ写真に収めました。こんなことは、いけないことかもしれませんが、私を知っているシスターたちは、見ないふりをしてくれたのです。

翌朝の新聞はマザーの訃報一色でした。そのなかで、マザーは最期に、

「私は息ができない」

と言って息をひきとったと書かれていました。私は、その記事に違和感を感じ

ました。マザー・テレサは大好きなイエスの元に帰るのだから、きっと「嬉しい」と言って亡くなったのではないかと思ったのです。

† † †

次に「インド心の旅」でマザー・ハウスを訪れたとき、たまたまマザーが亡くなるときに側にいたシスター・ルークに出会いました。

「マザーは、最期にどんな言葉をおっしゃったのですか？」

少しためらいながら、私はシスターに尋ねました。シスターはそのときの様子を、私に話してくれました。

「マザーが息をひきとる直前、神父様が来てくれました。そして神父様に見守られるなか、壁にかけてあるイエスのいばらの王冠に、マザーは二度タッチされました。王冠に手を当てながら『ジーザス（イエスよ）』と言って、息をひきとられたのです」

マザーは最期に「ジーザス」と言った。それを聞きながら、私はなぜかほっとしました。

「人間は、最期のときにはいちばん愛する人の名前を呼びながら、息をひきとるものだ」と納得しました。

† † †

もしもあのとき、インド航空の飛行機が定刻どおりに飛び立っていたら、私は日本でマザーの訃報を知ることになったでしょう。マザーの最後の姿を写した写真も残りませんでした。マザーの帰天のときにインドにいられたことは、まさに導かれたとしか思えないのです。

ときとしてその導きが、人生を左右することさえあります。あのときに一緒にいたアシスタントの高塚さん。彼は公務員として安定した職業に就いていました。しかもご両親にとっては、大切な一人息子でした。休暇を利用して、何度もインドに来てボランティアをし、日本でも、路上生活者の支援活動などをしていて、みんなに慕われる優しい青年です。そんな穏やかな人生を歩んでいたのです。

しかし、たまたまマザーの帰天の日に立ち会ってしまいました。そして、マザーの旅立ちの後、本格的に聖書の勉強を始め、ついには洗礼を受けたのです。マザー・テレサがこよなく愛した、アシジのフランチェスコから名前をいただきました。その後、コルカタに行き、神の愛の宣教者会にその身をゆだねたのです。コルカタに旅立つ前、我が家に一泊して、別れの酒を酌み交わしました。私は彼に聞きました。

「君は、どうして神父になる道を選んだの？　日本にいれば安定した生活ができる。その上でボランティア活動をすればいいのに」

「仕方がないんです。私は呼ばれてしまったのです。神様から呼ばれてしまっては、もう違う生き方ができなくなってしまいました」

神父になるには厳しい規律があります。修練のあいだは、手紙も一ヶ月に一度しか書くことはできません。それも家族に対してだけです。自分のお金をもつことも許されず、結婚も許されない。要するに、これまでの人間関係すべてから決

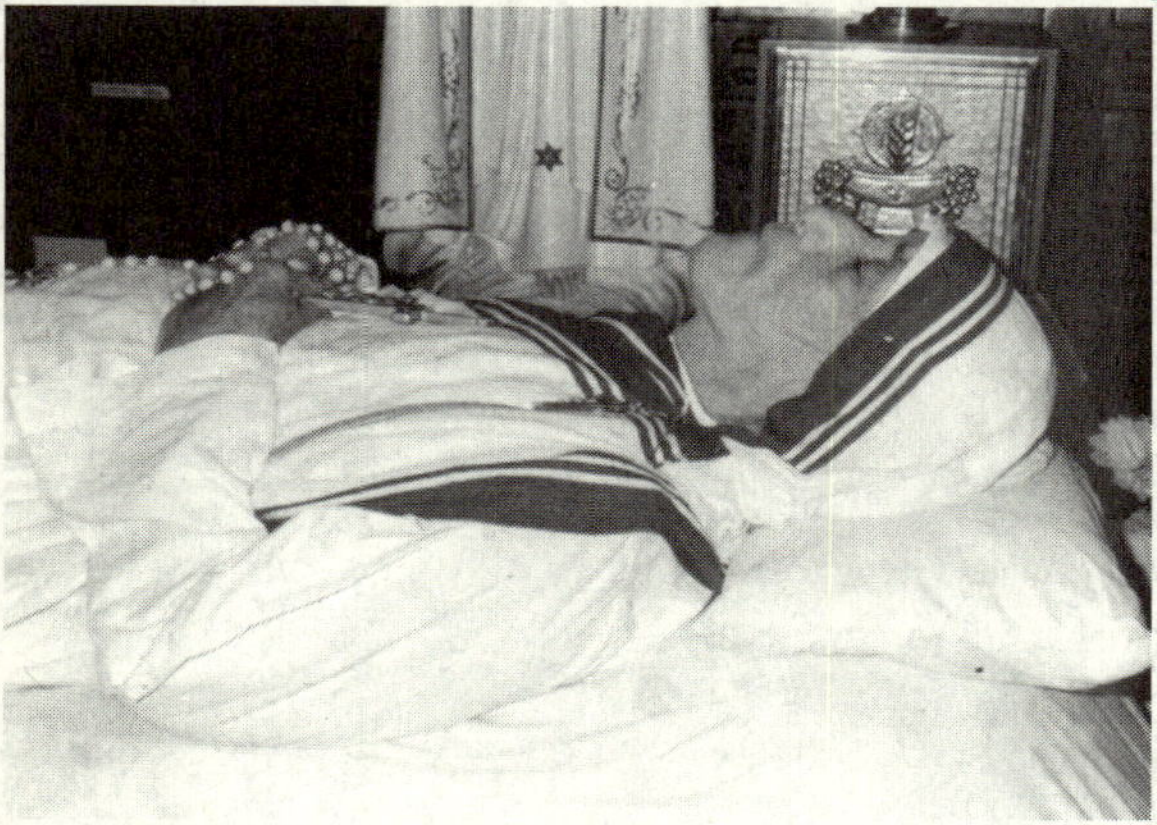

訃報を聞いていそいで駆けつけたマザー・ハウスでは、
シーツがかけられた氷のベッドの上で
マザー・テレサがまるで眠っているかのように
横たわっていました。

別しなくてはならないのです。

高塚さんのお母さんから、私のもとに手紙がきました。その手紙にはこう記されていました。

「まさか自分が産んだ子どもが、神父の道に入って会えなくなってしまうとは思いもしませんでした。それを聞かされたときは、どんなに悲しかったことでしょう。でもいま私は幸せだと思おうとしています。きっと神様のために私はあの子を産んで育てたのだと思います」

母親の悲しみが綴られた手紙でした。そして、

「どうか五十嵐さん、何か晃弘にメッセージを書いてください。家族だったらいと言うので、私が封筒に入れます。彼へメッセージを書いてください」

そのような願いが書かれていました。

高塚さんのお母さんは、キリスト教の信者ではありませんでした。

「私はあの子を神様に差し出したのだと思っています」

そう思えるようになるまで、どんなにか辛かったかと思います。子どもは誰で

も、やがて親の元を離れていきます。でも普通、自分の子どもが神父になって、手の届かないところに行ってしまうなどと考えて子育てをするでしょうか。彼のお母さんも、かわいい孫を腕に抱き、そのあどけないしぐさに、家族みんなが笑い合う、そんな日を夢見ていたことでしょう。

高塚さん自身も、家族の悲しみがわからないわけではありませんでした。何年も考えに考えた末の決心だったと思います。彼にとっては、マザーが帰天なさったこと、しかもその最後のときに偶然お別れができたことは本当に驚きだったのでしょう。そして、そこに天の配慮を感じたのです。

天は私たちにいろいろな場面を用意してくれていますが、それはこの世で生きていく上で、必ずしも喜ばしいと思われるようなことばかりではありません。ときには、とても辛い経験や避けて通りたいような悲しい出来事だったりもします。苦しみもがき、恨んだり助けを求めて祈ったりして、もうどうにもならなくなってすべてを天に任せきったとき、思いがけず天は大きな慰めをくださることがあります。

二〇一五年九月、コルカタの聖テレサ教会で行われた叙階式で、高塚さんは神父様になられました。神の愛の宣教者会では、日本人の神父様は初めてです。

私が彼と話をしていたときのことです。

「どのようにしたら、神父様になれるのですか？」

私はお祝いの言葉を述べたあと、失礼な質問をしてしまいました。

「神様からの贈り物です」

彼はにっこりと笑って答えてくれました。

永遠に渇かない水を人々に与えなさい

ベナレスの手紙より

マザー・テレサが本当に伝えたかったこと。それを知る機会がありました。しかし、それをカトリックの信者でもない私が伝えてもいいものなのか。とても迷っていた時期があります。

マザーは自らの運命を予感するかのように、一通の遺書を残していました。一九九三年三月二十五日付の、ベナレスからの手紙がそれです。マザーが帰天されて間もなくのころ、あることがきっかけで、私はその手紙を目にすることになったのです。

その手紙を読んで、私は驚きました。そこには、神の愛の宣教者会がどういうところからスタートし、何をやらなければいけなかったのか、そしてマザーの活動の原点、つまりマザーがダージリンへ向かう列車のなかで神様から授かったメッセージが書かれていました。

それはどんなメッセージなのか。どの書物にもこう書かれています。「貧しい人のなかのもっとも貧しい人に仕えなさい。という声がはっきりと聞こえました」と。しかし、ベナレスからの手紙には、いままで伝えられていなかったことが記されていたのです。

カトリックでもない私が、このような手紙を公表してもいいのか――。私は長い間迷い続けました。

†　†　†

先にも触れたとおり、マザーがダージリンへ向かう列車で体験したことは、とても神秘的で、多くの方には信じられるかどうかわかりません。マザーにはイエスの声が聞こえただけでなく、十字架で息をひきとる直前のイエスの姿が目の前に現れたのです。そしてイエスは「I THIRST」と叫んだというのです。その声を、マザー・テレサは生きているイエスの言葉として聞いているのです。

マザーの国葬がインドで行われたとき、シスター・ニルマラというマザーの後継者になった方のメッセージが発表されました。マザーへの弔辞です。そのコピーを私はシスター・ニルマラから直接いただきました。日本語に訳したものを紹介します。

「イエスの母なるマリアよ。そして、いまは私たちの母であるマリアよ。神は世界をこよなく愛し、ひとりの子、イエス・キリストを遣わされました。そしてイエスは、貧しい人のなかのもっとも貧しい人を愛し、私たちにお母さんをくださったのです。そうです、コルカタのマザー・テレサです。

一九四六年九月十日、私たちはインスピレーション・デイと呼んでいるのですが、その日、ヒマラヤにあるダージリンに向かう列車のなかで、イエスはすべての人々、特に貧しい人々のなかのもっとも貧しい人に対する『限りない渇き』について、マザーに語りかけたのです。

イエスはマザーに対し、この渇きを充たすように言われました。この語りかけが純潔と清貧と従順、さらに貧しい人々のなかのもっとも貧しい人に心から仕えることを誓願とする、新しい修道会『神の愛の宣教者会』の始まりだったのです。

イエスはマザーに自ら貧しくなって、全面的に神の御心《みこころ》を頼りとし、貧しい人々のなかのもっとも貧しい人に、無償で仕えることを望まれたのです。慎み深く、素朴な心をもつマザーにとって、イエスが何を語りかけてきたのか。初めは理解できませんでした。しかしイエスの母マリアは、マザーに『彼があなたに言われることは何でも行いなさい』と言いました。マザーは『はい』と答えたのです。なぜならマザーは、それが神のご意思であることがわかったからです。この人となられた神、イエスの渇きこそが、マザーの人生と働きの鍵となったのです」

私はこのシスター・ニルマラの弔辞を、九月十三日アシジに飛び立つ飛行機を待っている成田空港で聴いていました。その弔辞のなかで、私が引っかかった部分がありました。「慎み深く、素朴な心をもつマザーにとって、イエスが何を語りかけてきたのか。初めは理解できませんでした」という部分です。神から与えられたという九月十日の「I THIRST（私は渇く）」という呼びかけが、「貧しい人々のなかのもっとも貧しい人に仕えなさい」というメッセージだとしたら、あのマザーにわからないはずがないと感じたからです。

しかし、何がマザーを困惑させていたのか。それが後になって、マザーの遺書を拝見してやっと理解できたのです。マザーが体験したこと。それは、イエス・キリストが実在の人間として目の前に現れたということだったのです。マザーは非常に戸惑いました。そして、ダージリンの修道会に着いてから、ただひたすらに、その意味を自らに問いかけたのだろうと思います。

マザーが三十六歳のときのこと。聖ロレット修道会の学校がコルカタにあり、中学・高校と一貫教育をしていました。当時マザーは、その学校の校長を務めていました。一九四六年八月十五日、イスラム教徒の大決起集会がコルカタの公園で行われました。インドが独立をし、さらにパキスタンの分離独立が起きるという政治の動乱期だったのです。

集会はどんどんエスカレートしていき、暴徒化していきました。イスラム教徒がヒンズー教徒を攻撃し、それを迎え撃つヒンズー教徒の反撃も激しくなっていったそうです。コルカタは血なまぐさい、大殺戮《だいさつりく》の地となってしまいました。当時の新聞には、死者五〇〇〇人、負傷者二万人と報じられています。街には軍隊が出動し、すべての商店は封鎖されて閉店を余儀なくされました。食糧も尽きていくという状況です。

† † †

マザーが勤めていた聖ロレット修道会の学校は、中流階級の婦女子が通う学校でした。しかしそれだけではなく、この学校にはもう一つの役目があったのです。それは、親のいない、貧しい子どもたちを養育するという役目です。三〇〇人ほどの貧しい子どもたちが、寄宿舎で生活をしていました。マザーが守りたかったのは、この子どもたちだったのです。子どもたちには毎日食事をさせなければいけないし、着るものも与えなければなりません。ところが商店が封鎖されてしまったために、食べ物は尽きてしまいました。それでマザーは、子どもたちを守るために、必死になって市内を飛び回ったのです。

実はマザー・テレサは、子どものころから気管支炎の持病を抱えていました。もともと身体も丈夫なほうではありません。とうとうマザーは過労のために、持病が再発してしまいました。喘息の発作に苦しみながらもコルカタ市内を走り回るマザーを見かねて、当時のコルカタの管区長が休養を言いつけたのです。

「このままではマザーは倒れてしまう。管区長は「あなたは休養のために、一日に四時間はこの部屋を出てはいけません」と、外出禁止を言い渡しました。もちろんマザーの身体を気遣ってのことです。

マザーの霊的な指導者で、エグゼム神父という方がいらっしゃいました。すでに他界されていますが、生前のエグゼム神父はインタビューのなかで次のように語っています。

「マザー・テレサはとても気丈な方で、たとえシスターが亡くなっても涙を見せることは一切ありませんでした。しかし、外出禁止を管区長から言い渡されたとき、マザーは涙を流していた。私がマザーの涙を見たのは、後にも先にもあのときだけです」

マザーはよほど悔しかったのでしょう。子どもたちを守りたい。自分の身体はどうなってもかまわない。それができないことに対し、人目を憚《はばか》ることなく涙を流したのです。

しかし、マザーが言い渡されたのは外出禁止だけではありませんでした。マザーの身体を心配した管区長は、「これ以上、無理を重ねてはいけません。もしも結核や肺炎にでもなったらどうするのですか。まずはゆっくりと病気を治してください」と、ダージリン行きを命じたのです。こうしてマザーはコルカタを後にしました。そしてその列車のなかで、イエスと出会うことになるのです。

† † †

私はマザーの道のりを、自分でもたどってみることにしました。ダージリンの麓《ふもと》にある町から、「トイ・トレイン」と呼ばれる遊園地にあるような小さな列車で、十時間もかけて山を登っていきます。ときには歩くよりも遅くなるような列車です。マザーはこの列車に揺られながら、残してきた子どもたちのことを考えて、心を痛めていたのでしょう。

そうしてダージリンに近づく列車のなかで、マザーの目の前に突然現れたのが「I THIRST」と呼びかけるイエス・キリストだったのです。マザーは出会ってしまったのです。手紙のなかでマザーは、このイエス・キリストのことを「real living person（現実に生きている存在）」と記しています。それはまさに、本当に生きている存在としてのイエス・キリストのことです。

ダージリンの修道会で、「なぜ、自分の前にイエス・キリストは姿を現したのか」とマザーは自らに問い続けました。「I THIRST」という言葉は、イエスが最期に発した言葉です。これは、「永遠に渇かない水を人々に与えなさい」というメッセージだったのです。

「永遠に渇かない水」とは何なのでしょうか。それは、私たちがもっとも大切にするべき愛であり、聖霊だったのです。

† † †

「ベナレスからの手紙」では、マザーには、生きているイエスの姿が見えたと記されています。それはとても霊的な現象であり、私たちにはなかなか理解することが難しいことです。さらに、マザーはその手紙で悪魔の存在についても言及しているのです。

手紙にはこう記されています。

「あなたたちがイエス・キリストとコンタクトしようとしたとき、その接触をブロックしようとする者がいることに気をつけなさい。悪魔はいつも、命を傷つけることを試みようとしています。そしてときどき、私たちに間違いをさせようとしている。イエスが本当にあなたを愛しているというのは嘘だと悪魔は囁《ささや》きます。それはあなたたちにとってとても悲しく、危ないことなのです。なぜならば悪魔は、完全にイエスと別な方向にいる存在だからです」

この言葉を見る限り、マザーにははっきりと悪魔の姿さえ見えていた。そう思わざるを得ないのです。

悪魔は、「自分は愛されていない。受け入れてもらえない」という思いを通して、人々を不信感へと導いていく。「自分なんて愛される価値がない」という人間の痛み、すなわち自分自身に対しての惨《みじ》めな思いを利用して、巧みにイエスから遠ざけようと、心の隙間《すきま》に忍び込んでくるのです。

だからこそマザー・テレサは、しっかりと彼らの存在に気づきなさいと言われるのです。悪魔の働きから自分を守るために大切なことは、いつも「愛されている」という実感をもち続けることだと言います。つまりそれは、「必要とされている」ことに通じるのです。マザー・テレサが貧しい人々を救う働きとは、「自分など必要とされていない」と思っている人に対して、「あなたは必要とされているのです」という思いを、愛の実践で示していくことにあったのです。

私は神様が描く一本の鉛筆です

マザー・テレサはよく、「私は神様が描く一本の鉛筆です」という言い方をされていました。イエス・キリストが言おうとしている言葉を、代わりにマザーが記している。自分はイエスの意思を伝えるためにこの世にいる。マザーが言っている言葉はマザーのものでなく、イエスの言葉なのだと。いかにもマザー・テレサらしい表現だと思います。

私は偶然にも、マザー・テレサが一九九三年三月二十五日にベナレスから出された手紙を見てしまいました。そして、そのマザーの真実を知った驚きが、私の人生を変えてしまったのです。すぐそばに、「I THIRST（私は渇く）」と叫んでいる人々がいる。そのことを知りました。

それまでの私は、何か尊いことのために生きていこうと思っていました。人間として尊いこととは何なのか。それを実行するためには、どんなものをつくって、どんな行動を起こせばいいのか。言葉を換えれば、何か大きなことを目指していたのかもしれません。

しかしそれは違う。物事の大小ではなく、真に尊いこととは小さなことにこそある。いますぐそばで「私は渇いている」と叫んでいる人々。その目の前の人々の渇きを癒すことこそが大切なのだ。それこそが自分の生きる道なのだということに気づかされたのです。

まずは自分の身の回りの人々に伝えたいと思いました。そこで私は、マザーの後継者であるシスター・ニルマラに手紙を書いたのです。

「どうぞ、マザー・テレサの心を伝える書物を私に書かせてください。マザー・

テレサがおっしゃっていることは、カトリックの信者だけの宝物ではないと思うのです。その宝物をカトリック以外の人々にも伝えてゆきたいのです。どうか私を、神様が望まれる一本の鉛筆にさせてください」と。

シスター・ニルマラは、私がカトリックの信者でないことをもちろん知っています。マザー・テレサにも生前、何度か左の胸に手を当て、ロザリオの十字架のジェスチャーをして「ミスター五十嵐は、いつ洗礼を受けるの？」と言われたことがあります。もちろんそれは半分は冗談です。マザーは決して信者になることを強要などしません。世界中の誰に対しても信者になりなさいとは言いません。

しかし、マザー・テレサのことを書物にするのならば、やはりカトリック信者でなければならないだろう。私は手紙を出したものの、おそらく許可はされないと思っていたのです。ところが暫《しばら》くして、シスター・ニルマラから一通の手紙（二一一頁）が届きました。

「私たち『神の愛の宣教者会』は、いままでマザー・テレサについて本を書きたいと言ってくる人に対して、その権利を与えたり、推奨をしてきたことは一度もありません。しかし、あなたは神と善良な市民の栄光のために、私たちの母親であるマザー・テレサについて書くことを自由になさってください。あなたの書かれる本が、神の真、善、美のためになって、マザー・テレサのメッセージを伝える助けになってくださるよう祈ります。

二〇〇三年九月三日」

どうして日本人で、カトリック信者でもない私が、マザー・テレサのことを書くことが許されたのか。シスター・ニルマラの本意を知ることはできません。しかし私は、この手紙をもらうことで、

「やっと、マザー・テレサが天国から許してくれたんだ」

と思うことができました。だからこそ、私は生涯を通して、マザーの思いを伝えるお手伝いがしたい。そう思っているのです。

余談ですが、シスター・ニルマラはマザー・テレサの命《めい》をいただき、コルカタ

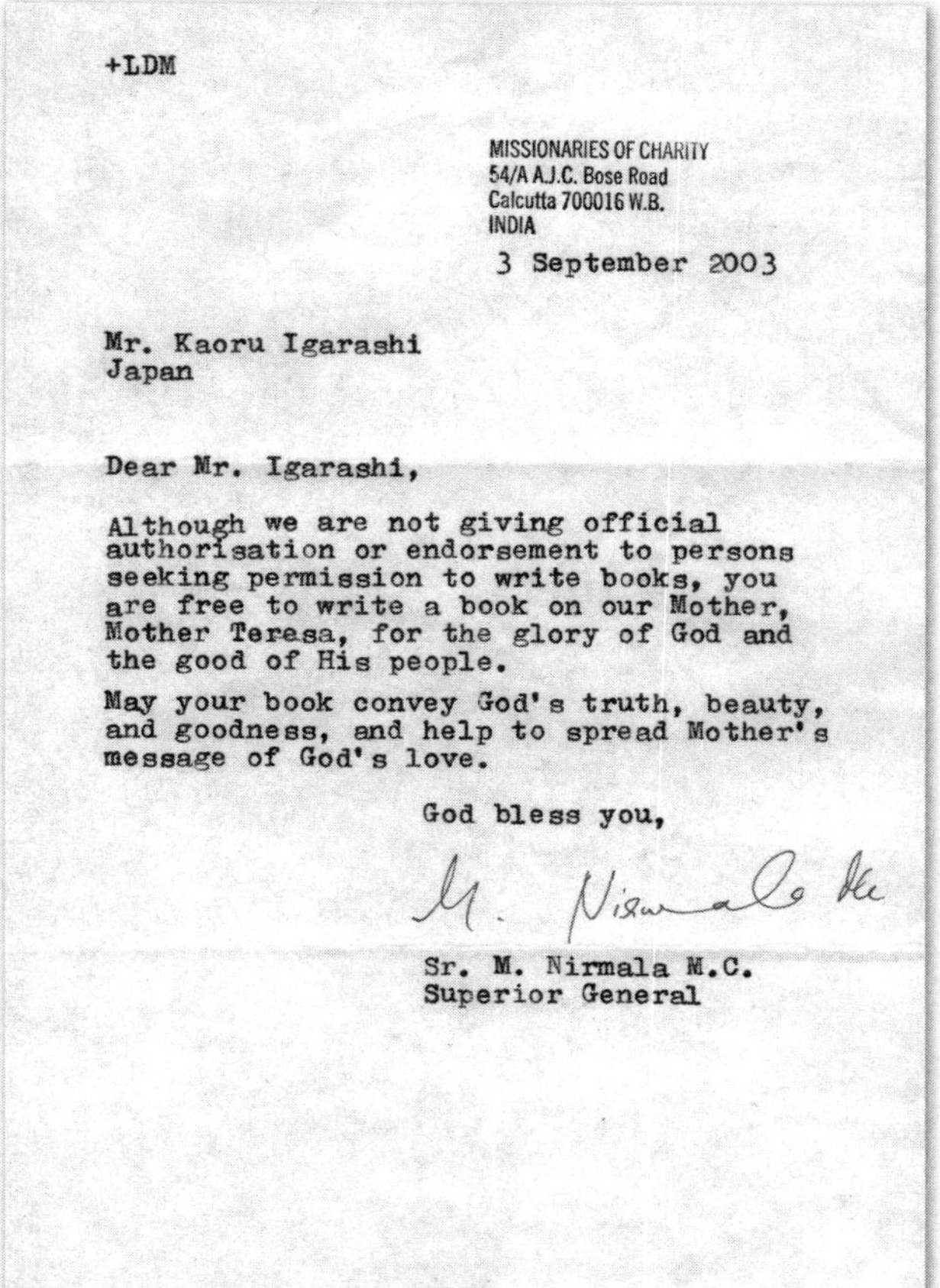

+LDM

MISSIONARIES OF CHARITY
54/A A.J.C. Bose Road
Calcutta 700016 W.B.
INDIA

3 September 2003

Mr. Kaoru Igarashi
Japan

Dear Mr. Igarashi,

Although we are not giving official authorisation or endorsement to persons seeking permission to write books, you are free to write a book on our Mother, Mother Teresa, for the glory of God and the good of His people.

May your book convey God's truth, beauty, and goodness, and help to spread Mother's message of God's love.

God bless you,

Sr. M. Nirmala M.C.
Superior General

のシャルダー・ステーションのそば、聖ヨハネ教会に隣接する場所に、観想修道会（祈りによって活動修道会を支える）を開設なさった方です。

おわりに

筆をおくにあたって、少しだけ私自身のことを書きたいと思います。私自身というよりも、母への思いです。

私は若いころに、さまざまな問題を抱えた少年たちを預かってきました。どうしてそんなことをしようと思ったのか。それは私自身が、荒れた生活を送っていた時期があったからです。

高校生のころ、私は自分の道を見つけることができずに、悩んでいました。友人たちが借りたボロアパートの一室に悪友たちと住み、ろくに学校へも行かずに、麻雀《マージャン》と酒ばかりの日々でした。父と母は、そんな私を何とか立ち直らせようと必死でした。

ある日、深夜に家に帰ると、母親は寝ずに待っていました。母は押し入れからお歳暮にいただいたお酒を出してきて、私の目の前に置いて言いました。

「これを飲みなさい。家ではいくら飲んでもいいから。外では飲まないで。あなたが酔っ払ったら、母さんが介抱してあげるから。お願いだから外に行かないで、ここで飲んで」

母の言葉がいまも思い出されます。

高校三年生のときに、私は家出をしたことがありました。親に反抗していた私は、貯金を全部おろして田舎の町を飛び出しました。家を出ようとしたとき、玄関で父親に見つかりました。私は旅行用の大きな鞄《かばん》をもっていました。

「お前、どこに行くんだ」

父は聞きました。

私は言葉を濁して、

「ちょっと」

と返事をしたのです。父親の顔もまともに見ず、さっさと玄関のドアを開けました。

「気をつけて行ってこいよ」

父親の悲しそうな目が私の背中を追いかけてくるのがわかりました。

しかし、そのまま羽越《うえつ》線の蒸気機関車に飛び乗ったのです。飛び乗ったはいいけれど、心細くなって何度も田舎の駅を振り返りました。海が近くなり、汽笛が鳴りました。トンネルが近づいたという合図です。黒い煙が車内に吹き込まないように、乗客たちはいっせいに窓を閉めました。私も窓に手をかけながら「さようなら」と故郷に向かってつぶやきました。

私は奈良を目指していました。なぜなら奈良女子大を出たばかりの先生が、国語の担任だったからです。勉強はしなかったものの、その授業だけは興味深く聞いていました。奈良の美しさを話してくれる授業だけは楽しかった。私が失恋して落ち込んでいたとき、先生は興福寺にある阿修羅像の写真をくれました。

「この像は、悲しみに耐えている少年のように私には見えます」

という添え書きがされていました。私は阿修羅像に会うために奈良を目指したのです。興福寺を訪れた後、私は薬師寺に足を向けました。入口を入ると、左手に大きな仏像があります。その仏像を見た瞬間、私は何とも言えない優しさに触れたような気持ちになり、自然と涙が溢れてきたのです。それとともに、両親の愛情に飢えていたことに気づいたのです。あんなに愛されていたのに、母親を悲しませてしまった。父親に心配をかけてしまった。懺悔《ざんげ》の気持ちが次から次へと私を襲ってきたのです。

「家に帰ろう。母のところに帰ろう」

私は故郷へと向かう列車に乗りました。その汽車のなかで、一人のおばあさんと出会いました。白い僧衣を身にまとったおばあさんは、私に御仏《みほとけ》の慈悲について話してくれました。そして私にこう言いました。

「あなたにはいろんな悩みがあるでしょう。悲しみや苦しみもあるでしょう。でもね、あなたが苦しんでいる以上に、あなたのお母さんは苦しく悲しいのですよ」

この言葉を、いまも忘れることはありません。

重い足取りで家に着き、玄関のドアを開けると、驚いたことにそこに母が立っていました。私が帰ることなど知らないはずなのに。きっと、一日に何十回も、いや何百回も玄関に来ては様子をうかがっていたのでしょう。母の目には涙が溢れていました。私はそれでも素直になれず、何も言わずに階段を駆け上がり、自分の部屋に入りました。

部屋に入ると、机の上に鉛筆で走り書きをした母からの手紙がありました。いつもの整った字ではなく、相当に乱れた文字が並んでいました。手紙にはこう書かれていました。

「薫へ

あなたが小さかったころ、このような書き出しで置き手紙をし、毎日せかせかと忙しく買い物に行っていました。あなたたち四人に大きな夢を託し、自分を捨てて、子どもを育てることに生きがいを感じて生きていました。

でも、あなたはもう大人になったようですね。自分の世界を見つけ、そのなかに誰も踏み込ませたくないと思っているのでしょう。いまのあなたが考えていちばん正しいと思う道を、自分で切り拓《ひら》いていくのですから。それが親の目からどのように見えたところで、どうにもならないことなのですね。母の力がこんなにもはかなく、空しいものだとは思ってもいませんでした。

憂《う》きことの　なおこの上に　積もれかし
　限りある身の　力ためさん

母さんは若いころ、この和歌が好きで、辛いことや悲しいことがあると、いつも心の糧《かて》にして自分を奮い立たせてきました。いま一度、この和歌をかみしめてみようと思います。

あなたが苦しんでいても転んでも、母はただ黙って見つめているしかないのですね。手を差し出すこともできない重荷に、母さんは耐えていかなければならないのでしょう。

せめて、あなたが雪の降る寒い夜の街をさまよい歩くとき、私もその道を歩いて、あなたの心を感じてみたいと思います。

あなたが自分でつくっていく道を、後から私は黙ってついていくつもりです。その道がたとえどんな道でも、自分の産んだ子がつくる道なら、後からついていくことしか私にはできないのです。

いつの日か、あなたが振り向いて、もう一度『お母さん』と呼んでくれる日を待っています。

美恵子」

幸せの原点は家庭にある。マザー・テレサは言いました。それがたとえ血がつながっていない家庭であったとしても、そこは温かな場所でなければなりません。

いま日本には、温かな家庭があるでしょうか。たしかな幸せを感じる場所があるでしょうか。

私の体の半分には母の血が流れ、もう半分には父の血が流れています。私は、母を亡くして初めて、自分の愚かさに気がつきました。

読者の皆様にお願いしたいことは、マザー・テレサのおっしゃった「愛は家庭から」という言葉をもう一度思い出してほしいということです。どうぞ、家庭から始まる「愛と祈り」を大切になさってください。

五十嵐　薫

著者紹介
五十嵐 薫（いがらし　かおる）
1953年１月30日、山形県鶴岡市生まれ。電気通信大学物理工学科卒業。人生観を高橋信次氏に学び、恩師他界後、ミネベア株式会社に入社。電子設計を担当し、シンガポールに出向。退社後、波場武嗣氏のもとで生涯学習セミナーに携わる。一方、十数年間、不登校をはじめ、悩みを持つ青少年たちと共同生活を送る。1985年、マザー・テレサのもとでボランティアの精神を学ぶ「インド心の旅」を始めた。マザー・テレサとの出会いを機に、1999年、ＮＰＯ法人レインボー国際協会を設立し、翌2000年、インドのコルカタに、親のない子どもと満足な医療を受けられない人々のために、レインボー・ホームを建設した。その運営責任者、および同ＮＰＯ法人理事長を歴任後、一般社団法人ピュア・ハート協会を設立し代表となる。
著書に、『マザー・テレサの真実』（ＰＨＰ研究所）、『マザー・テレサとの出逢い』（ざ・ぼんぢわーく出版）がある。

この作品は、2010年６月にＰＨＰエディターズ・グループより刊行された『マザー・テレサ 愛の贈り物』に加筆・修正を施したものである。

PHP文庫　マザー・テレサ 愛の贈り物
世界の母が遺してくれた大切な教えと言葉

2016年8月15日　第1版第1刷

著者　五十嵐　薫
発行者　小林成彦
発行所　株式会社ＰＨＰ研究所
東京本部　〒135-8137　江東区豊洲5-6-52
文庫出版部　☎03-3520-9617(編集)
普及一部　☎03-3520-9630(販売)
京都本部　〒601-8411　京都市南区西九条北ノ内町11
PHP INTERFACE　http://www.php.co.jp/
組版　株式会社PHPエディターズ・グループ
印刷所
製本所　図書印刷株式会社

ISBN978-4-569-76604-1